中国文化经纬

从黄帝到崇祯
二十四史

徐梓 著

中国书籍出版社
China Book Press

图书在版编目(CIP)数据

从黄帝到崇祯：二十四史 / 徐梓著. — 北京：中国书籍出版社, 2014.11
ISBN 978-7-5068-4544-1

Ⅰ.①从… Ⅱ.①徐… Ⅲ.①中国历史—古代史—纪传体 Ⅳ.①K204.1

中国版本图书馆CIP数据核字(2014)第247152号

从黄帝到崇祯：二十四史

徐梓 著

责任编辑	卢安然 宋 然
责任印制	孙马飞 马 芝
封面设计	汉石美迪
出版发行	中国书籍出版社
地 址	北京市丰台区三路居路97号（邮编：100073）
电 话	（010）52257143（总编室） （010）52257140（发行部）
电子邮箱	chinabp@vip.sina.com
经 销	全国新华书店
印 刷	三河顺兴印务有限公司
开 本	635毫米×970毫米 1/16
字 数	110千字
印 张	13
版 次	2015年10月第1版 2018年5月第2次印刷
书 号	ISBN 978-7-5068-4544-1
定 价	32.00元

版权所有 翻印必究

《中国文化经纬》系列丛书编委会

顾问 汤一介 杨 辛 李学勤 庞 朴
　　　 王 尧 余敦康 孙长江 乐黛云
主编 王守常
编委（按姓氏笔画为序）
　　　 王 平 王小甫 王守常 邓小楠
　　　 乐黛云 江 力 刘 东 许抗生
　　　 朱良志 孙尚扬 李中华 陈平原
　　　 陈 来 林梅村 徐天进 魏常海

总　序

二十世纪三十年代，陈寅恪先生在冯友兰《中国哲学史》下册的《审查报告》中说："窃疑中国自今日以后，即使能忠实输入北美或东欧之思想，其结局当亦等于玄奘唯识之学，在吾国思想史上既不能居最高之地位，且亦终归于歇绝者。其真能于思想上自成系统，有所创获者，必须一方面吸收输入外来之学说，一方面不忘本来民族之地位。此二种相反而适相成之态度，乃道教之真精神，新儒家之旧途径，而二千年吾民族与他民族思想接触史之所昭示者也。"今天读陈先生的话，感慨良多。先生所言之义：佛教传入中国，其教义与中国思想观念制度无一不相冲突。然印度佛教在近千年的传播过程中不断调适，亦经国人改造接受，终成中国之佛教。这足以告知我们外来思想与中国本土思想能够融合、始相反终相成之原因，在于"必须一方面吸收输入外来之学说，一方面不忘本来民族之地位"。这就是我们经常讲的,当下中国文化必须"返本开新"。如有其例外者,则是"忠实输入不改本来面目者,若玄奘唯识之学,虽震荡一时之人心,而卒归于消沉歇绝"。

我以为近代中国落后于西方,不应简单视为文化落后,而是二千多年的农业文明在十八世纪已经无法比肩欧洲工业文明之生产效率与市场资源的合理配置,由此社会政治、国家管理制度也纰漏丛生。由是而观当下之中国,体制改革刻不容缓,而从五四时代以来的文化批判也需深刻反思。启蒙运动对传统文化的批评固然有时代需求,未经理性拷问的传统文化无法随时代而重生。但"五四运动"的先贤们也犯了"理性科学的傲慢",他们认为旧的都是糟粕,新的都是精华,以二元对立的思考将传统与现代对峙而观,无视传统文化在代际之间促成了代与代的连续性与同一性,从而形成了一个社会再创造自己的文化基因。美国学者席尔思写了一部书《论传统》,他说:传统是围绕人类的不同活动领域而形成的代代相传的行为方式,是一种对社会行为具有规范作用和道德感召力的文化力量,同时也是人

总序

类在历史长河中的创造性想象的沉淀。因而一个社会不可能完全排除其传统，不可能一切从头开始或完全取而代之以新的传统，而只能在旧传统的基础上对其进行创造性的改造。此言至矣！传统与现代不应仅在时间序列上划分，在文化传承上可理解为"传统"是江河之源，而"现代"则是江河之流。"现代"对"传统"的理性诠释，使"传统"在"现代"得以重生。由此，以"同情的敬意"理解自己民族的文化传统是当下中国的应有之义，任何历史文化的虚无主义都要彻底摒弃。从"五四"先行者到今天的一些名士，他们对传统文化进行激烈批判，却也无法摆脱传统文化对自己的思维方式和价值观念的影响。这样的事实岂可漠视。

这套《中国文化经纬》丛书是在1993年刊行的《神州文化集成》丛书的基础上重新选目、修订而成。自那时到今天，持续多年的"文化热"、"国学热"，昭示着国人对自己民族文化的认同还处在进行时。文化决定了一个民族的性格，民族性格决定了一个民族的命运。中国文化书院成立至今已有30年了，书院同仁矢志不移地秉承着"让世界文化走进中国,让中国文化走向世界"之宗旨,不负时代的责任与担当。此次与中国书籍出版社合作出版这套丛书,期盼能在民族文化的自觉、自信、自强上有新的贡献。

王守常

2014 年 12 月 8 日

于北京大学治贝子园

目 录

总序 ··· 1

一、《二十四史》的形成 ·· 1
二、《二十四史》的体例 ·· 12
三、《二十四史》各史简介 ·· 25
  《史记》 ·· 25
  《汉书》 ·· 34
  《后汉书》 ·· 44
  《三国志》 ·· 53
  《晋书》 ·· 63
  《宋书》 ·· 69
  《南齐书》 ·· 75
  《梁书》、《陈书》 ·· 78
  《魏书》 ·· 83
  《北齐书》 ·· 90
  《周书》 ·· 93
  《隋书》 ·· 97

《南史》、《北史》……………………… 101
《旧唐书》……………………………… 108
《新唐书》……………………………… 114
《旧五代史》…………………………… 121
《新五代史》…………………………… 127
《宋史》、《辽史》、《金史》………… 134
《元史》………………………………… 150
《明史》………………………………… 158

四、《二十四史》的意义与价值………… 167

五、《二十四史》的版本………………… 176

出版后记…………………………………… 191

一、《二十四史》的形成

在中国历史上，每当新旧王朝更代之后，新的政权一建立，面对百废待兴的局面，往往首先要考虑做以下两件事：一是颁布历法。它的意义除了是借天意来恢复人间现世的秩序之外，还在于国人接受了新的历法，就意味着接受了对新王朝的忠诚。二是组织人力编写前一朝的历史，记载一代君臣政事的贤否得失。除了供后人借鉴和吸取知识之外，它的政治性也是显而易见的。"人君观史，宰相监修"，就是要通过论证前朝灭亡的必然性，来为新政权提供合理和合法的依据。所以，这两件事其实有着一致的指向。如果说编写历史是宣布一个王朝已经灭亡的话，那么，颁布历法则昭示一个新王朝的开始。

《二十四史》就是这样由官方组织修纂的一套史书。其中一些虽然出自一人之手，但也是得到官方承认的。有些是事前得到官方的允许，或直接是奉皇帝之命而撰修，有些则是事后由皇帝"钦定"的。正因为如此，《二十四史》又称为正史。

《二十四史》指的是《史记》、《汉书》、《后汉书》、《三国志》、《晋书》、《宋书》、《南齐书》、《梁书》、《陈书》、《魏书》、《北齐书》、《周书》、《隋书》、《南史》、《北史》、《旧唐书》、《新唐书》、《旧五代史》、《新五代史》、《宋史》、《辽史》、《金史》、《元史》和《明史》二十四部史书。这套史书的修纂不成于一时，更不是出自一手，整个修纂过程从《史记》写成的汉武帝时代，到《明史》编定的清乾隆之初，长达一千八百多年。《二十四史》的名称，也是与时俱移、由少到多、逐渐形成的。

三史

这套史书的集合，最早是"三史"。据《三国志》记载，吴王孙权曾对他的将军吕蒙说：我"至统事以来，省三史、诸家兵书，自以为大有所益"[1]。他还告诫吕蒙要抓紧读一读《孙子兵法》、《六韬》、《左传》、《国语》和"三史"。

---

[1] 《三国志·吴书·吕蒙传》裴松之注。

一、《二十四史》的形成

吴国的留赞,也喜好读兵书及"三史",每当读到古代优秀将领为攻战所设的阵势,就对着史书感叹。《隋书·经籍志》在《史汉要集》和《史记正传》之间,还著录有吴太子太傅张温所撰的《三史略》二十九卷。可见三国时社会上已经有了"三史"的名称,并已十分普遍。这时,范晔尚未出生,《后汉书》还没有面世,"三史"指的是《史记》、《汉书》和东汉刘珍等所撰的《东观汉纪》。

四史

"前四史"的说法现今非常普遍,所指除了"三史"之外,再就是陈寿所撰的《三国志》。这四部史书,都是私人撰修的,没有官修所带来的各种弊病,再加上历久成书,千锤百炼,无论是史笔还是文笔,都堪称一流,在《二十四史》中,最为世人所称赏。四部史书的集合为一,这应当是最重要的着眼点。

十史

历史上还有"十史"的名称,有的学者著有《十史事语》《十史事类》及《十史类要》。所谓"十史",指的是记载三国、晋、宋、齐、梁、陈、魏、齐、周、隋十个王朝的十部史书。

与"十史"的内容大致相同,在历史学家中还有"八书二史"的说法,"八书"指的是《宋书》、《南齐书》、《梁书》、《陈书》,以及《魏书》、《北齐书》、《周书》、《隋书》,"二史"指的则是《南史》和《北史》。此外,在南宋初年,井度将记载南北朝历史的《宋书》、《南齐书》、《梁书》、《陈书》、《魏书》、《北齐书》和《周书》七部史书合并,在蜀地眉山刊行,这是正史的最早辑印,人们称之为"眉山七史"。

十三史

至少在宋代,曾有过"十三代史"或"十三史"之说。《宋史·艺文志》就著录有吴武陵的《十三代史驳议》十二卷、宗谏注的《十三代史目》十卷、商仲茂的《十三代史目》一卷,以及佚名的《十三代史选》五十卷。至于"十三史"所指,则有不同说法。

十七史

"十七史"之称也颇为著名,最著名的是文天祥回答元代丞相孛罗的那句话:"一部十七史,从何说起?"一些以"十七史"为题的著作,如宋代王令的《十七史蒙求》、清

一、《二十四史》的形成

王鸣盛的《十七史商榷》，现在依然流传很广。此外，《宋史·艺文志》还著录有周护的《十七史赞》以及佚名的《名贤十七史确论》。明崇祯至清顺治年间，琴川毛氏汲古阁还辑印有《十七史》。可见由宋至清，"十七史"的说法一直存在。"十三史"之外，再加上新、旧唐书和新、旧五代史，也就构成了通常所说的"十七史"。

十八史

"十八史"的说法较少见。元人曾先之有《十八史略》二卷。它指的是"十三史"以及修成于宋代的《新唐书》、《新五代史》和元代官修的《宋史》、《辽史》、《金史》。由于宋、辽、金三史修成在元顺帝至正年间，时已当元朝末年，并且距《元史》成书为时不远，所以"十八史"的说法流传不广。

十九史

朱明王朝建立不到三年，《元史》便仓促成书，加上原有的"十八史"，便构成了"十九史"。在明朝前期才有十九史这一名称。如安都有一百七十卷的《十九史节定》，梁孟寅有《十九史略》。

二十一史

"二十一史"在明朝流传较广。嘉靖时期,南京国子监祭酒张邦奇等人奏请校刻正史,起初打算派人到各地访求好的版本,因"部议恐滋烦扰",嘉靖皇帝便命令辑印了《二十一史》。万历时,北京国子监也开雕翻刻,在万历二十四至三十四年十年中刊成。这样,"二十一史"的名称便一直传至清初。

二十二史

清乾隆四年,《明史》成书后,乾隆皇帝诏令刊行"二十二史",就是"二十一史"加上《明史》。"二十二史"的名称,由于钱大昕《二十二史考异》和赵翼《廿二史札记》两部名著的影响,知名度之高,仅次于"二十四史",而《廿二史札记》实际上兼包了"二十四史"。

二十三史

乾隆皇帝在诏令刊印"二十二史"后不久,考虑到新旧两《唐书》实在各有短长,不可偏废,又诏令将《旧唐书》也定于正史之中,使二书并列,相辅而行,这样便形成了"二十三史"。对于乾隆皇帝此举,《四库全书总目》的作

一、《二十四史》的形成

者曾吹捧为"千古至公之道"。

二十四史

在编修《四库全书》过程中,邵晋涵等四库馆臣从《永乐大典》中辑出了《旧五代史》,并于乾隆四十年编成缮写进呈,乾隆皇帝命令将它刊进正史之中,这样便形成了我们要说的"二十四史"。

然而,这套史书的增益并没有就此而止,随着时间的推移,新的史书加入,"二十四史"又演变成了"二十五史"、"二十六史"。

二十五史

对于明初仓促修成、纰漏百出的《元史》,后世学者颇多诟病,并一度竞相考订重修。清末民初的史学家、被日本东京帝国大学授予名誉博士学位的柯劭忞,对一代又一代学人的研究成果,广收慎用,博采约取,集各家之大成,穷三十年之力,于一九二〇年完成了《新元史》的编撰工作。第二年,北洋军阀政府总统徐世昌,明令将它列入正史,这样,国家正式承认的"二十四史"成了"二十五史"。几年后,当时的历史学家们组成了二十五史刊行委员会,除了辑印《二十五史》之外，还辑印了《二十五史补编》，将当时所能得到的有关二十五部史书的拾补、校正、考订、疏证之作，收罗殆尽，为历史研究提供了一套系统有用的资料。

二十六史

《清史稿》虽然是一部没有最后定稿的著作，也没有被当时的政府所承认，更不在"二十四史"的范围之内，但人们论列"二十四史"或正史，都往往要涉及到它。这是因为，它也是按历代修纂正史的方法写成的，史馆设置、人员配备、材料收集、编纂程序等都与以往无异。只是编写人员一时难以定稿，又因为过于慎重，才命名为"稿"。再加上参加修史的人多是清朝"遗臣"，其中渗透有反对民主革命、颂扬清朝正统和鼓励复辟的思想，才为当时的政府所禁行。但近六十年来，学者们还是力图把它和那道历史的长城连接在一起。比如中华书局在组织人力点校"二十四史"的同时，虽然遗弃了明令列在正史中的《新元史》，却没有冷落这部尚不具有正式正史资格的史书。"二十六史"的名称可以说呼之欲出吧。

一、《二十四史》的形成

二十四史与正史

有必要进一步辨析一下"二十四史"和正史的关系。因为在历史上,正史的内涵所指,是不断变化的,因时因人而不同,不能完全与"二十四史"等同。

正史的名称,最早见于梁人阮孝绪《七录》。他将当时所有的典籍分为经典录、纪传录、子兵录、文集录、术技录、佛法录和仙道录七类。其中纪传录之下,又分有十二类,是史部划分细类的开始。也正是阮孝绪,著有《正史削繁》九十四卷,虽然《隋书·经籍志》没有把它著录在正史类,但它所在的杂史类中还著录有《史汉要集》、《史记正传》、《后汉略》、《汉书钞》、《晋书钞》和《三史略》等后人视为史钞类的著作。由此,我们可以断定,《正史削繁》是节抄《史》、《汉》等书而成的,它的卷数也增加了我们这一论断的信心。

就现今所能看到的材料,最早将正史列为一类的是《隋书·经籍志》。《隋书·经籍志》的史部划分为十三类,而以正史居首,这为后来历代目录学家所承袭,在《隋书·经籍志》史部正史类中,共著录有六十七种,另外尚有亡佚之书十三种,合计八十部。除了《史记》、《汉书》及注之外,关于东汉历史的有十八种,记载三国历史及评论《三国志》的有九家,以《晋书》名题的多达十部,其他宋、齐、梁、

9

陈、魏、周各书，也都是多部并存。"一代之史，至数十家"，由于它们"皆拟马班"，《隋书·经籍志》便把它们一并著录在正史类。这与后来两《唐书》和两《五代史》并列为正史没有什么本质的不同，只不过是多少有别而已。

《旧唐书·经籍志》、《新唐书·艺文志》和《宋史·艺文志》正史类的著录与《隋书·经籍志》的著录大体相同，只不过由于各家的逐渐失传，新增入的又控制得比较严格，所以与现今的正史所指逐渐趋于一致。

然而这一趋势在《明史·艺文志》那里被打断。《明史》的修纂者鉴于有明一代没有一部像样的官修目录作为编修《艺文志》的凭借，特别是图书迅速增加的实际也迫使编修人员变通《艺文志》的著录方法，所以《明史·艺文志》没有像以往那样记一代藏书，而改为记一代著作。也就是不再收录前代人的著作，而以明人所著为限。显然，如果按这一标准，再加上或者先前或者后世的正史标准，正史类中只能著录一部《元史》。但《明史·艺文志》正史类中实际上著录有一百一十种著作，这就是放宽了正史界限的结果。在这里，不仅有纪传体史书，而且还有编年体和纪事本末体史书，明历朝实录和国史在其中更是占有极大的比重。正史所指在这里形成了极度的混乱。

一、《二十四史》的形成

  为正史正名的工作是由《四库全书总目》的作者做的。天才的总纂官纪昀及四库馆臣们重新为正史划定了界限，规定了确定不易的内涵。"凡未经宸断者，则悉不滥登。盖正史体尊，义与经配，非悬诸令典，莫敢私增，所以与稗官野记异也。"[①] 正史合法的地位，变成了由最高统治者赋予，任何人都不得私自增益。正史这才与"二十四史"完全等同，成了"二十四史"的另一种称呼。至于为"二十四史"训释音义的如《史记索隐》之类，拾遗补阙的如《补后汉书年表》之类，辨正异同的如《新唐书纠缪》之类，校正字句的如《两汉刊误补遗》之类，所以也著录在正史类中，不过是考虑到如果将它们另行编次，寻检起来反而不易，所以只好采取"各附本书"的办法。

---

① 《四库全书总目》卷四五，史部正史类序。

二、《二十四史》的体例

我国汗牛充栋的史籍,主要体裁有纪传、编年和纪事本末三种。

编年体

编年体是以时间为纲,按年月日的顺序记载史事。我国最早的编年体史书是《春秋》,虽然一年有四季,但言春即已包夏,举秋便可兼冬,春秋在一定程度上成了这种体裁的代称。《左传》、《资治通鉴》是这种体裁中最优异的代表作。编年体史书以事系日,以日系月,以月系年,它的优点是便于考查某一历史事件发生的具体时间,便于了解一件历史事件所产生的影响,并且可以避免叙述的重复。但按年月分列史事,各种史事纷乱杂陈,不能集中记载某一历史事件的全过程。一些并不能以确切的时间编排的史实,也往往因此缺漏,

二、《二十四史》的体例

所以这种体裁最适合于政治史,而不大宜于经济史和文化史。

纪事本末体

纪事本末体正是为克服编年体的局限而出现的。具体地说,是南宋史学家袁枢为克服司马光的《资治通鉴》所存在的"事以年隔,年以事析"的体例缺陷,以及卷帙浩繁、不易卒读的问题而新创立的一种体裁。有别于编年体以时间为主和纪传体以人物为主,它是以事件为主。每一历史事件独立成篇,并有标题,每篇各编年月,自为首尾。从而能使历年史事经纬分明,节目详具,前后始末,一览了然。既能避免纪传体一事而复见数篇、宾主莫辨的弊端,又能克服编年体一事而隔越数卷、首尾难稽的局限。以至于"文省于纪传,事豁于编年"[①]。但这种体裁依然也有不方便之处。其中最主要的是单独记一件事的演进,不能较好地反映历史事件相互间的影响,同样是适宜于记载政治事件,而于经济和文化问题多有疏略。

纪传体

纪传体是以人物和制度为记载中心的一种史籍体裁,因

---

① 《文史通义·书教下》。

为本纪和列传是其中坚内容,所以称之为纪传体。我国的第一部纪传体史书,是西汉杰出的史学家司马迁撰著的《史记》,班固的《汉书》虽然改《史记》通记历代而为只限于一代的断代史,但仍然采用了纪传体这种形式,其后的正史撰作,也都相与因循,少有更张。正是利用这种体裁,历代的史学家写出了三千二百九十四卷,约四千万字的《二十四史》。

《二十四史》都有本纪和列传。《三国志》《梁书》《陈书》、《北齐书》、《周书》、《南史》、《北史》七部书没有志。只有《史记》、《汉书》、《新唐书》、《宋史》、《辽史》、《金史》、《元史》、《明史》八部史书有表,在《新五代史》中则叫"年谱"。此外,《史记》和《新五代史》中还有"世家",《晋书》则称"载记"。

本纪

本纪可以看作是纪传体史书的骨架,它排列在各史的最前面,被认为是全书的纲。所谓纪,也就是"纲纪庶品,网罗万物"的意思,"篇目之大,莫过于此"[1]。自司马迁著《史记》,创立这一例目之后,以后无论有什么变化,这一体例

---

[1] 《史通·本纪》。

二、《二十四史》的体例

都常行不易。本纪是按编年体的形式写成的,所谓的"纪之为体,犹《春秋》之经,系日月以成岁时,书君上以显国统"[①]。记事虽然是以当朝帝王的言行政迹为中心,但并不局限于帝王一人,而是在其名义之下,兼述当时政治、经济、军事和文化各方面的重大事件。合并来看,就是一部首尾完备的编年史。

在本纪这一体例上,争议最大最多的是正统问题。一些人,比如项羽,并没有做君临天下的皇帝,充其量不过是名为西楚、号止霸王的一诸侯而已。但司马迁为了使秦灭之后、汉建之前的大事有所归系,便选择了这一当时实力最为强大,相对更能号召天下、宰制时局的人物,为他立了本纪。后来一些人认为司马迁这样做是疆理不分、自乱其例。每当列国分立、诸侯纷争之后,为谁立本纪,或者说以怎样的正统来统领全书,也就成为修史工作必须首先解决的问题。从对本纪的处理中,可以看出作者的倾向。

宣扬天命论,这是诸史本纪中的一项重要内容。为了说明现政权的正统性,有必要抬高开国之君的身世,把他描写成"天命攸归"的救世主。他们大都是在母亲梦见神人授药

[①] 《史通·本纪》。

丸吞服后受的孕，刚生下来的时候往往红光满室，或者白气盈庭，总之是不同凡人，天生高贵。为了说明现政权的合理性，又有必要把前一朝的亡国之君说成是气数已尽，天命当绝。只有很少的几人，如司马迁、魏徵和欧阳修，才能摆脱这种局限，而把国家的兴盛衰败，归于人事和政治的贤否得失。

世家

世家是用来记载子孙世袭的王侯封国历史的。司马迁创设这一例目，是由时代特点所决定的。在秦以前，封邦建国，诸侯们专制一方，世袭爵位，绵绵瓜瓞，既不同于天子，又有别于一般大臣。如果把记载他们历史的篇目，"题之以纪，则上通帝王；榜之以传，则下同臣妾"①。为了避免这种两难的局面，只好别立名目，称为世家。实际上，它的"编次之体，与本纪不殊"，也可以说是诸侯的本纪，有些则与列传类似。《汉书》将世家全部改为列传，即使那些爵士世代相传的王侯也加入列传之中，《汉书》的这种做法，被历代史书所承袭。《晋书》对于那些数代相传的僭伪诸国，另以载记加以记载。只有《新五代史》沿用司马迁所创立的世家

---

① 《史通·世家》。

二、《二十四史》的体例

这一名号，以记十国的历史。此外，《宋史》有《十国世家》，但杂厕在列传之中，实际上也属于列传性质。《辽史》记载高丽和西夏的历史，篇目题为外纪，可以看作是世家的一种变体。

书志

书志是记载典章制度的。《史记》称之为"书"，《汉书》以下各史称之为"志"，只有《新五代史》破例称之为"考"。在《二十四史》中，《三国志》、《梁书》、《陈书》、《北齐书》、《周书》、《南史》和《北史》七部书没有志。不过，唐代曾专门开局修《五代史志》，将梁、陈、齐、周、隋五史合撰一志，附于《隋书》之后，既避免了重复，也补了其他几部书的无志之缺。十七种有志的史书也各不相同。《史记》有《礼书》、《乐书》、《律书》、《历书》、《天官书》、《封禅书》、《河渠书》和《平准书》八书，以后各史大都仿照这一规模，有的或变更名目，有的稍作删增，"或名非而物是，或小异而大同"。最多的是《宋史》，共有十五志，《新五代史》的志最少，只有《司天考》和《职方考》。

书志所记，内容非常广泛，举凡"郡县之侨置、更易，官职官制之兴废，刑罚之轻重，户口之登耗，经济之盛衰，礼乐风俗之丕变，兵卫之兴革，河渠之通塞，以及车服、仪卫、日食、星变等事"[1]，无不网罗其中。具体地说，《礼志》或《礼仪志》记国家典礼仪式。《乐志》记音乐和乐器。《历书》记历法。《天文志》或《天官书》记星相天文。《食货志》或《平准书》记农业和工商业制度、政策的沿革变化。《刑法志》记法律制度。《五行志》记自然灾害，有的侧重天人相应，有的强调地震等灾害。《地理志》或《郡县志》记物产、地理沿革和行政区划。《河渠志》或《沟洫志》记水利工程、江河变迁及利害得失。《艺文志》或《经籍志》著录历代藏书或本朝著作，叙述学术源流。《郊祀志》或《封禅书》、《祭祀志》记祭祀天地祖先之事。《百官志》或《职官志》记官吏品秩及职权范围。《舆服志》记皇帝和王公大臣的车马服饰制度。《符瑞志》或《祥瑞志》记灾异符瑞和人事的关系。《选举志》记学校和科举制度以及官吏的选拔、除陟和考课。《兵志》或《兵卫志》记军事制度。此外，《魏书》还有《释老志》以记佛道二教。这些方面，包括了国家所有的大政大法。

由于书志十分重要，一部史书如果没有志，就谈不上完善，志如果写得不淹博条贯，也就称不上良史。但"修史之难，

---

[1] 徐浩《廿五史论纲》第二二页，上海书店一九八九年五月影印本。

二、《二十四史》的体例

无出于志"，由于书志的涉及面广，修史人员的知识结构有限，不像本纪和列传那样，一般的儒学之士就能撰作，非有专门人才不可。也正因为如此，许多史书的书志部分只得付诸阙如。这样，后来学者对正史的补作，书志部分就很多，比如在《二十五史补编》中，补作的书志就占很大比重。

列传

在全部《二十四史》中，每部史书都有列传，而且都是篇幅最大。司马贞这样解释列传的含义："列传者，谓列人臣事迹，令可传于后世，故曰列传"①，张守节的理解与此文虽异而义实同。刘知几偏执正统观，着眼于本纪和列传的区分，"夫纪传之兴，肇于《史》、《汉》。盖纪者，编年也；传者，列事也。编年者，历帝王之岁月，犹《春秋》之经；列事者，录人臣之行状，如《春秋》之传。《春秋》则传以解经，《史》、《汉》则传以释纪。"对于这一意见，浦起龙做了很好的归纳："年仰他人者，虽纪实传；年得自立者，虽传实纪。片言折狱，纪法定而后传例清。"② 这也就是说，

---

① 《史记·伯夷列传》司马贞《索隐》。
② 《史通通释·列传》。

皇帝之外的人物，其事迹可以传于后世的，都可以写进列传。

综合《二十四史》中的所有列传来看，其体例并不是单一的，而大略可以分为四种。一是专传，也就是一个人一篇（往往是一卷）传记。专传都是用来叙记那些最重要人物的，有的是功勋卓著，有的则是大奸大恶。二是合传，也就是将两人或多个人合写成一篇传记。《史记》中合传很多，也很典型，如《老子韩非列传》、《屈原贾生列传》。三是附传，即一篇以一个人传记为主，在后面附载同一家族或事迹相近的其他人物的传记。四是类传，也就是把同一类的人物编次在同一篇传记之中，冠以相应的名目。如由《史记》所创，而后世史书沿用不替的《酷吏列传》、《循吏列传》、《佞幸列传》、《儒林列传》等。

以上四种类型的列传，都是以人为基本对象的，此外，还有一种传，并不以人为对象，而是以一个民族、一个国家或一个地区为对象。如《史记》把北方和西方诸少数民族列为《匈奴列传》，为川西和云贵一带诸少数民族立有《西南夷列传》，为闽浙地区诸民族立有《东越列传》等等，此外还有《南越列传》、《大宛列传》。以后的其他各史也都仿效《史记》这一体例，为边疆各族各地立有传记，名称各异，反映出传记对象的不同，有的称四夷，有的称蛮夷，有的称西域，有的称东夷，有的称外记，有的称外国。

表谱

古人对史表这种著作形式是十分看重的，以撰著史表著名的清初史学家万斯同认为：只有设立史表，才可以适当地简省纪传。如果有人阅读史书而忽略表，那就意味着他并不精于史学。史表的意义，在于它和纪传交互为用。一些人并没有可传诸久远的卓越功勋，又没有应当遗臭万年的大奸大恶，立传则内容过于简单，完全阙而不载则觉得可惜，如果列于史表，以说明他们的姓名字号、爵里职位，就非常合适。没有表，就不得不多立传，立传多，内容又不充实，那就会使全书显得繁冗空洞。不仅如此，史表还有提纲挈领、便于寻检的作用，唐代史学家刘知几，对史表说了许多不甚恭敬的话，对将史表载于史书，尤其不以为然。他只看到了它"款曲重沓"、"成其烦费"的一面，而忽略了它以表代文、简明醒目的另一面，因而得出了将表"次在篇第，编诸卷轴，得之不为益，失之不为损"的结论。但具体到《史记》十表，他还是由衷称赏的，"观太史公之创表也，于帝王则叙其子孙，于公侯则纪其年月"，"虽燕、越万里，而于径寸之内犬牙可接；虽昭穆九代，而于方尺之中雁行有叙，使读者阅文便睹，举目可详,此其所以为快也。"[①] 史表的意义,却由这个并不喜爱史表的人说得极为透彻。

在《二十四史》中,有九部史书有表。其中《史记》有十表,《汉书》有八表,《新唐书》有三表,《新五代史》有一年谱,《宋史》有二表,《辽史》有八表,《金史》有二表,《元史》有六表,《明史》有五表。这四十五表,大致可以分为两种类型,一种是以人为主,表列人物世系的,如《史记》的《汉兴以来诸侯王年表》、《三代世系表》。另一种则是以国家和部族为主,表列重要事件的,如《史记》的《六国年表》、《辽史》的《部族表》。与其他体例一样,史表的编排也主要是依据时间先后。在《史记》那里,由于可利用的素材的多少不同,又分为世表、年表和月表。

论赞

把《二十四史》看作仅仅是史料的堆积是不妥当的,因为其中不可避免地掺杂着编撰者的历史观。撇开"寓论断于序事"不论,从体例上也可以很清楚地看到这一点,在《二十四史》中,大都有价值大小不一的史评。这些评论,

---

[①] 《史通·杂说上》。

二、《二十四史》的体例

在《史记》中表现为"太史公曰",《汉书》称"赞",《三国志》称"评"。《后汉书》改为"论",并且在散文体的"论"后还另加有四言诗的"赞"。《宋书》改"论"为"史臣曰",《南齐书》、《梁书》、《陈书》、《魏书》、《周书》、《晋书》、《隋书》和《旧唐书》八部史书也都沿用了这一称号。《新五代史》的史论别具一格,不加标题,直接用"呜呼"二字以发其端。其他诸史,也都有"论"或有"赞"。其中《宋史》和《辽史》,于《本纪》称"赞",而于《列传》称"论"。只有《元史》"准《春秋》及钦奉圣旨事","不作论赞,但据事直书,具文见意,使其善恶自见"[①]。

以论赞为名义的史评,大都附在本纪和列传的篇末,世家和书志中也有一些,它们与所在的篇章构成了一个有机的统一体,并不具有独立自足的意义。就史评的内容而言,不外乎两种:一是在评论历史事件和人物的同时,征引旧闻,标举轶事,提供一些新的材料,以辨疑惑,释疑滞,也就是刘知几所说的"事无重出",这在司马迁那里反映得最为典型。自班固之后,大多数的论赞限于综述全篇,撮举大意,再稍加论列,也就是刘知几所说的,"多录纪

---

① 《纂修元史凡例》。

传之言，其有所异，唯加文饰而已。"[①]

的确，《二十四史》中的论赞，普遍存在着华多于实、理少于文的弊病。但并不能一概视之为"轻薄之句"，更不能看作是与"加粉黛于壮夫，服绮纨于高士"无异的不伦不类。实际上，论赞不只是可有可无的，而且是不可或缺的。一部史书，不能只限于史料的堆砌，更不能因为在史料之外有了论赞，就被看作是不可理解的怪异。《二十四史》中的论赞，对于我们理解特定的历史事件，对于我们了解编撰者处理这一历史事件时所取的态度，都是极为有益的。

纪传体以上各个部分，本纪以序帝王，世家以记侯国，表谱以系时事，书志以详制度，列传以记人物，各有侧重，又相互为用，纵横交错，共同构织了一代历史的全景图。

[①] 《史通·论赞》。

三、《二十四史》各史简介

《史记》

中国历史学与史界两司马的名字是分不开的。北宋司马光所著的《资治通鉴》，是中国编年体史书的集大成者，而西汉司马迁所著的《史记》，不仅是中国纪传体史书的集大成者，也是这种体裁的开创者。

司马迁字子长，西汉左冯翊夏阳（今陕西韩城）人。他的生卒年，学术界有不同的说法。一般认为他大约生于汉景帝中元五年（公元前一四五年），卒于汉武帝征和三年（公元前九〇年）。一生的主要活动，大致与汉武帝在位时期相始终。

秦的统一，结束了春秋战国时期百家争鸣的局面，但这种统一只是政治上的。为适应政治上一统的需要，学术文化上整理、综合、总结的工作也亟待进行，具有明敏历史感的人都意识到了这一点。司马迁的父亲司马谈《论六家要旨》，正是这种工作的一部分。司马迁撰著《史记》，"欲以究天人之际，通古今之变，成一家之言"①，也正是这种意识的体现。在他看来，周公之后五百年，孔子撰著了《春秋》；孔子至今，五百年又过去了，应该有人来"厥协六经异传，整齐百家杂语"②。而司马迁宽广的视界和不羁之才，以及史官世家的职守，都让他做了这种历史使命当仁不让的承担者。

司马迁丰厚的学养也足以担当此任。他少承家学，又随儒学大师董仲舒和孔安国学习《公羊春秋》和《古文尚书》。继父职为太史令后，他利用"天下遗文古事靡不毕集太史公"的有利条件，认真阅读整理"石室金匮之书"，使他成为当时最渊博的学者。更重要的是，他没有把自己吸取知识仅限于书本，从二十岁起，他就漫游祖国各地，到处寻访古迹，采集传说，"南游江、淮，上会稽，探禹穴，窥九疑，浮于沅、湘，北涉汶、泗，讲业齐、鲁之都，观孔子之遗风，乡射邹、峄，厄困鄱、薛、彭城，过梁、楚以归"。此后又"奉使西

---

① 《汉书·司马迁传》所载《报任少卿书》。
② 《史记·太史公自序》。

征巴、蜀以南，南略邛、筰、昆明"①，行迹所至，殆遍宇内。壮阔的游踪，不仅开阔了眼界，增长了阅历，而且壮丽山水中的灵气，也赋予了他"疏荡颇有奇气"的文风。

父亲的遗命，是司马迁撰著《史记》最直接的动因。元封元年（公元前一一○年），汉武帝到泰山举行封禅大典，步骑十八万，旌旗千余里。但身为太史令的司马谈，却未能前往，因此忧愤而卒。弥留之际，他拉着刚从外地归来的儿子的手，嘱咐他要继承父业，完成其欲有所论著的愿望。并告诉他"孝始于事亲，中于事君，终于立身。扬名于后世，以显父母，此孝之大者"②。只有完成有所撰述的使命，才能使自颛顼以来司马氏世为史官的业绩发扬光大，也使汉兴以来明主贤君和忠臣义士的事迹不至于湮没无闻，同时借立言名垂后世，光宗耀祖。司马迁俯首流涕，应允了父亲的托咐，表示"小子不敏，请悉论先人所次旧闻，弗敢阙"③。完成父亲的遗愿，一直是司马迁撰著《史记》的强大动力。

就在司马迁全力从事《史记》的撰述时，不测的李陵之祸降临到了他的头上。天汉三年（公元前九八年），司马迁

---

① 《史记·太史公自序》。
② 同上。
③ 同上。

因替被迫投降匈奴的李陵开脱,以诬上的罪名被汉武帝处以腐刑。从此,司马迁的身体上留下了耻辱的印记,智慧而敏感的心灵更是受到了莫大的创伤,"是以肠一日而九回,居则忽忽若有所亡,出则不知所如往。每念斯耻,汗未尝不发背沾衣也"①。但是,这一悲剧并没有埋葬他的事业,相反成就了他的事业,他以"盖文王拘而演《周易》;仲尼厄而作《春秋》;屈原放逐,乃赋《离骚》;左丘失明,厥有《国语》;孙子膑脚,兵法修列;不韦迁蜀,世传《吕览》;韩非囚秦,《说难》、《孤愤》;《诗》三百篇,大抵圣贤发愤之所为作"②来激励自己。含着血和泪,终于写出了《史记》。

体大思精的《史记》一书,凡一百三十篇,五十二万六千五百字。以十二本纪、十表、八书、三十世家、七十二列传,记载了上起轩辕黄帝,下至汉武帝时期,长达三千年左右的历史。

《史记》在史学上的主要成就,首先是开创了纪传体史书的编纂体例。的确,在司马迁之前,我国史学即已有了长足的发展,并有了本纪、世家这些名目。《史记》就曾采用

---

① 《汉书·司马迁传》所载《报任少卿书》。
② 同上。

三、《二十四史》各史简介

过《禹本纪》的记载,司马迁曾经读过"世家言"。十表的体制,也与周代的谱牒有因承关系。即使一向被认为是司马迁所创制的列传,实际上过去也曾有过。司马迁创立的,只有八书这一要素。但这丝毫不能减少《史记》的意义和价值。是司马迁最早将这些不同的体裁有意识地组织在一起,使它们纵横交错、经纬互织,构成了一个完整的体系。这一天才的创造,不仅旷古未有,而且牢笼百代。以后二千年间,不论官修或私撰的史书,其体制都"递相祖述,莫能出其范围"。

凡事创者难为功,因者易为力。司马迁第一次将本纪、表、书、世家和列传五种体裁综合运用,而且运用得十分纯熟。如十二本纪,根据材料的多少,或者以朝代为主,或者以帝王为主。项羽虽非皇帝,但秦亡之后,他分封王侯,发号施令,宰制天下,称为霸王,司马迁便为他立了本纪。又如十表,年代久远的则用世表,年代近的则用年表,更近的则用月表。或国纬年经,或国经年纬,其间分合间架,尤具匠意。世家本来是记封国诸侯的,但儒家的创始人孔子,农民起义领袖陈涉,考虑到他们巨大的影响,司马迁将他们也列入世家。司马迁这种不拘成例、灵活变通的做法,曾被一些人批评为自乱其例,这实在是未能契进《史记》的特点。还是章学诚的意见颇为中肯,在他看来,《史记》是"圆而神",《汉书》

则是"方以智"。"圆而神"的动人之处就在于不削内容之足以适形式之履,相反,是根据内容的需要灵活地选择适宜的形式,使形式为内容服务。

司马迁不仅有精巧的组织之功,而且有严谨审慎的态度。为了写出信史,他"网罗天下放失旧闻",从浩繁的文献里,从壮阔的游历中,尽力搜求撰著所必须的原始资料,然后加以排比整理、参互考订。"考信于六艺"表明儒家经典是司马迁考订史料的一个标准,但他并不是无条件地完全信从。司马贞就说他"博采经纪而为此史,广记异闻,不必皆依《尚书》"[①]。对于诸多荒诞离奇的传说和记载,他只是"择其言尤雅者",选择那些真实可信的历史材料。实在真假难辨,不便做此是彼非的决断,就"疑者传疑",或"疑者阙焉",而不是滥加取舍。《史记》非常可贵的实录精神,在当时就得到了人们的承认和表彰。扬雄在《法言·重黎篇》中就说:"太史迁,曰实录。"班固则说:"刘向、扬雄博极群书,皆称迁有良史之材。服其善序事理,辨而不华,质而不俚,其文直,其事核,不虚美,不隐恶,故谓之实录。"[②]所谓《史

---

① 《史记·五帝本纪》司马贞《索隐》。
② 《汉书·司马迁传》。

记》谤书的说法，实在是没有道理。

《史记》的不朽，不仅仅在于它史事的准确，更在于其中贯穿着一种恢宏的历史意识。正因为有这种意识，才使得司马迁把眼光投射到社会的各个阶层。他不仅为王公贵族、地主商人、文人学者写了传记，而且为社会的下层人物，如游侠刺客、龟策日者等人物写了传记。也因为有这种意识，才使得司马迁把眼光投射到社会生活的各个侧面。《史记》不仅记载了社会表面的政治现象，记载了思想文化，而且记载了经济活动，著名的《货殖列传》和《平准书》就是代表。还因为有这种意识，使得司马迁不仅注意到了中国境内的少数民族，如匈奴、西南夷、东越和南越，而且注意到了中国以外的世界，如大宛、乌孙、大月氏和安息等国。同样是这种意识，使司马迁认清了现实社会的弊病，这就使得《史记》成了一部富有灵魂和批判精神的历史。它不仅批评前代皇帝，而且批评本朝皇帝，如说汉文帝"赏太轻，罚太重"。不仅批评本朝皇帝，而且批评当今皇帝，如在《平准书》中说汉武帝穷兵黩武、卖官鬻爵；在《封禅书》中说汉武帝迷信神仙，把女儿许配给方士以换取不死之药。这一切，都使得《史记》成为一部真正的"通古今之变，成一家之言"的通史。

《史记》在漫长的历史过程中广为传颂，还与它那动人的文采有关。一般认为，司马迁疏荡颇有奇气的文风，有得于江山之助力，其实，残酷的腐刑造成的痛苦的影响更为深切。"所以隐忍苟活，幽粪土之中而不辞者，恨私心有所不尽，鄙没世而文采不表于后也。"① 郁结与痛苦、愤懑与悲哀和着血泪，出自司马迁的笔下，也就化作了"史家之绝唱，无韵之《离骚》"。所以，《史记》不仅是史学巨著，而且是优秀的文学作品。它所塑造的信陵君、廉颇、蔺相如、荆轲、项羽、韩信、樊哙、汲黯、李广等形象，栩栩如生，有声有色，给人们留下了深刻的印象，为传记文学开辟了广阔的天地。

司马迁在撮述《史记》各篇写作旨意之后，曾说《史记》全书"凡百三十篇，五十二万六千五百字"，并且"藏之名山，副在京师"。由此可见，司马迁是完成了全书的。但班固在《汉书·司马迁传》中却说："十篇缺，有录无书。"颜师古注援引张晏之说，具体指出了所缺的十篇是：《景纪》、《武纪》、《礼书》、《乐书》、《兵书》、《汉兴以来将相年表》、《日者列传》、《三王世家》、《龟策列传》和《傅靳蒯成列传》。同时指出，元成之际的博士褚少孙拾遗补阙，补写了《武帝纪》、《三王世家》、《龟策列传》和《日者列传》。历代

---

① 《汉书·司马迁传》所载《报任少卿书》。

三、《二十四史》各史简介

学者大多数都不同意这种说法，认为即使真是十篇有录无书，那也是在流传过程中散佚的结果。有人还特别强调，《史记》根本不曾有过整篇的散亡，只有零星的补缀，今本《史记》中的"褚先生曰"就是这种零星补缀的痕迹。

《史记》本是古代史书的通称，司马迁在著作中曾多次援据史记，并没有用它来命名自己的著作。通常的说法是，司马迁给他的著作起的名字叫《太史公书》，其实不然[①]，这个名字是东方朔取定的。据《史记·孝武本纪》司马贞《索隐》引姚察说："桓谭《新论》以为太史公造书，书成，示东方朔，朔为平定，因署其下。'太史公'者，皆东方朔所加之者也。"在东汉，人们大都是以《太史公》指称司马迁的著作的，《汉书·艺文志》就是以这一名称著录的。最早称司马迁这部巨著为《史记》的，是在东汉桓帝时期，立于熹平元年四月的《东海庙碑》碑阴有一段文字："阙者秦始皇所立，名之秦东门阙，事在《史记》。"三国之后，《史记》及其名称就广为流传了。

《史记》自传布开之后，历代续补、注释之作很多，《史通》称续补《史记》之作多达十五家。自东汉延笃撰《史记音义》一卷，最早注释《史记》以来，历代注释不绝。现存的有刘

[①] 参见张舜微《广校雠略·论古人著述皆书成之后始有大题》。

宋裴骃的《史记集解》，唐司马贞的《史记索隐》，唐张守节的《史记正义》，俗称"三家注"。三家注原来各本单行，其中《史记集解》八十卷、《史记索隐》三十卷、《史记正义》三十卷。自宋代刻本才把三家注分列在《史记》正文之下，三家注同时又分别单行。三家注各有特色，《史记集解》汇综作者所能见到的前人研究成果，并一一注明出处。《史记索隐》则着重辨正，不仅对《史记》原文有所指正，而且进一步指出了《史记集解》中的考证错误。《史记正义》的作者长于舆地之学，所以对地名的考证颇为精辟。另外，日本学者泷川龟太郎，收集清代学者有关考证《史记》的著作八十四种、日本学者注释《史记》的著作十八种，汇合而成《史记会注考证》，材料丰富，可资参考。

《汉书》

在某种意义上，《汉书》是可以比拟《史记》的，前人就曾做过《史汉方驾》、《班马异同》之类的书。所有正史，采用的是《史记》开创的纪传体体制，但同时又仿效了《汉书》断代为书的做法，所以《史》、《汉》同是正史的源头。《史记》有隽永峭拔、豪迈奔放的文风，《汉书》也能在从容不迫之中摹声绘形，写得形象生动，因而不同的人对这两部书各有偏爱。从总体上看，东汉至唐，喜爱《汉书》的人多，唐以后，则以喜爱《史记》的人为多，明清两代尤其如此。

《汉书》的作者班固，字孟坚，扶风安陵（今陕西咸阳）人。他的七世祖班壹，在楼烦有马牛羊数千群，"出入弋猎，旌旗鼓吹"，是个富豪之家。曾祖班况的女儿，是成帝的婕妤。大伯祖班伯学问湛深，能讲说《诗》、《书》、《论语》，辨析不同的经说。二伯祖班斿，同样也是博学多才，曾协同刘向校理皇家藏书，深得汉成帝器重，得到过秘书副本的赏赐。当时，班氏与许氏是齐名的外戚，"许班之贵，倾动前朝，熏灼四方，赏赐无量，空虚内藏"[1]。传至父亲班彪时，"家有藏书，内足于财"，以至于好古之士，莫不造门。由于有这样的环境，难怪他的弟弟班超、妹妹班昭也都成了当时著名的外交家和学者。

《汉书》的撰著，也是子继父业，与《史记》差不多。只不过班彪业已着手，多有成篇，班固的凭借，在这方面也比司马迁好多了。如前已述，《史记》的下限，在汉武时期，太初之后，即不再记载，以至续作很多。但这些续作在班彪

---

[1] 《汉书·叙传》。

看来，都过于鄙俗，不足以踵继《史记》，所以采集遗事，旁贯异闻，写成了《史记后传》。班彪继承家学，也是位积学之士，曾著有《王命论》，杰出的思想家王充，就是他的学生。他所著的《史记后传》，范晔的《后汉书》说是数十篇，刘知几的《史通》更具体地说是六十五篇，但王充的《论衡》则说在百篇以上。

建武三十年（公元五四年），班彪死后，班固即着手整理父亲的遗著。同样是感到"所续前史未详"，于是在明帝永平元年（公元五八年）二十七岁时，"探撰前记，缀集所闻"，开始了《汉书》的编写。五年之后，有人上书明帝，告他私改国史，明帝当即下令将他逮捕下狱。班固的弟弟班超，赶到京城上书，替他辩白。同时，地方官把他的书稿也调到了洛阳，明帝看后，很赏识班固的才学，不仅没有治他的罪，反而让他做了兰台令史。在与同事合力写成《东观汉纪》之后，明帝又令他在兰台把未完成的《汉书》继续写下去。从此班固得以利用皇家藏书，继续《汉书》的撰著。

但众多的庶务使班固不能集中精力，全心于此。建初四年（公元七九年），章帝在白虎观召集诸儒会议，讨论六经异同，用皇帝的名义制成定论。班固以史官兼任记录，编成了《白虎通德论》。和帝永元元年（公元八九年），车骑将军窦宪出征北匈奴，以班固为中护军，他随窦宪登上燕然山，作铭刻石勒功，以记汉朝的威德。后来窦宪以外戚专权，图谋叛乱，畏罪自杀，班固也受牵连，并被人因怨捕系，六十一岁时死在狱中。

班固死时，《汉书》尚有八表及《天文志》没有完成。和帝诏令班固的妹妹班昭"就东观藏书阁而成之"。班昭是我国第一位女史学家，与两位弟兄一样，也是博学高才。嫁给曹世叔后，世叔早死，她的节行为时人所重。和帝曾多次将她召入宫内，令皇后及诸妃嫔待以师礼，因此被称为曹大家。邓太后临朝听政时，也常听取她的意见。她所撰著的赋、颂、铭、诔、问、注、哀辞、书、论、上疏、遗令，多达十六篇，著名的《女诫》，也出自她之手。受皇帝之命后，班昭完成了八表的写作，至于《天文志》，则是由马融的兄弟马续完成的。所以《汉书》的撰著，前有所承，后有所续，并非出自班固一人之手。

《汉书》的记事，始于汉高祖元年（公元前二〇六年），终于王莽地皇四年（公元二三年），共十二世二百三十年的历史。全书包括本纪十二篇、表八篇、志十篇、列传七十篇，共一百篇，约八十万字。关于《汉书》的卷数，历代有不同的说法，一般是以一篇作一卷计，称之为一百卷，但《通志·艺文略》及《四库全书总目》则称作一百二十卷。所以如此，是因为颜师古在集注《汉书》时，鉴于一些篇幅过大，析为子卷的结果。颜注将《高帝纪》分为上、下卷，《王子侯表》、《百官公卿表》各分为上、下卷，《律历志》、《食货志》、《郊祀志》、《地理志》各分为两卷，《五行志》分为五卷，《司马相如传》、《严朱吾丘主父徐严终王贾传》、《扬雄传》、《匈奴传》、《西域传》和《外戚传》各分为上、下两卷，《王莽传》分为上、中、下三卷，《叙传》分为上、下两卷，这样一百篇就成了一百二十卷。

  《汉书》是我国第一部纪传体断代史，与《史记》最大的不同，就在于《史记》是通史，而《汉书》是断代史。自班固创断代为史的先例，后世史书，大都循例而为断代。对通史或断代史，不同的人有不同的评价，在刘知几看来，"如《汉书》者，究西都之首末，穷刘氏之废兴，包举一代，撰成一书，言皆精炼，事甚该密，故学者寻讨，易为其功。自古至今，无改斯道。"[①]郑樵则主张写作通史，认为《汉书》"断汉为书，是致周秦不相因，古今成间隔"，为此他不遗余力贬斥班固。将后世众手修书、道傍筑室、掠人之文、窃钟掩耳等种种弊病，

---

① 《史通·六家》。

三、《二十四史》各史简介

都归诸班固,甚至发出了"迁之于固,如龙之于猪"①的偏激之论。平情而论,是通史抑或是断代史,并没有先在的高下之别,如果所有的史书都写成通史,就势必会有大量的重复,所以班固改通纪历朝而为断代之书,不仅无可诟病,而且极有必要。

《汉书》沿用了《史记》所开创的纪传体,不过在具体运用中做了一些变更。班固不满意司马迁将刘邦"编于百王之末,厕于秦、项之列",他作《汉书》的目的,就是要突出刘邦是受命而王,使刘姓王朝自承天统、自成体系,所以他十分注重本纪的作用。他将项羽从本纪中抽出,而列入列传。对于王莽虽是编年纪事,形同纪体,但在形式上却不予承认而不为之立纪。汉惠帝纪没有多少实际内容,所以《史记》将它附在《吕太后本纪》中。班固为体现"系日月以成岁时,书君上以显国统"的纪的作用,抽出单立,这些都典型地反映了班固的正统思想和皇权观念,也是《汉书》体例"方以智"的体现。

就体例而言,《汉书》之于《史记》最大的不同,是《汉书》除去了世家。凡是《史记》列入世家的汉代人物,《汉书》

---

① 《通志》总序。

都写进了传中。这一做法是由班彪决定的,"今此后篇,……不为世家,唯纪传而已"①,班固予以继承。所以如此,道理很明显,《史记》所记的时限内,五霸争长,七雄扰攘,"兴师不请天子,政由五伯",诸侯有很大的独立性,"题之以纪,则上通帝王;榜之以传,则下同臣妾",只好另立世家。到了汉代,虽开国之初,立了王侯二等封爵,实行过分封,但始则异姓王被诛灭,继而同姓王被削藩,"推恩"分子弟。到汉武帝时,原来"侯者百四十三人",已被搞得"靡有孑遗",而王国政权"唯得衣食租税",根本无力干预政事,与富裕之家没有什么不同。所以《汉书》取消世家这一体例,也是形势使然。

　　《汉书》的八表,只有《百官公卿表》和《古今人表》是新设立的,而其他六表的内容都与《史记》相仿佛。后人对《汉书》表的评议,也都集中在新创的两个表上。尤其是《古今人表》,从太昊到吴广,有古无今,颇为后人所诟病。刘知几诋斥尤力,认为这种不言汉事而编入《汉书》的做法,就像"鸠居鹊巢,茑生松上"一样不伦不类,它被看作是附生的疣赘,是不知剪裁的结果。列入此表中的人物,还被分

---

① 《后汉书·班彪列传》。

之以三科，定之以九等，始自上上，终于下下，后人也病其随意进退人物，漫无标准，强立差等，以使是非瞀乱。不过也有人撇开其体例不纯，因其表章正学、有功名教而深爱的。对《汉书》新创的《百官公卿表》，则差不多是众口一辞地称赞，它以十四级、三十四官格的表列，记载了汉代公卿大臣的迁免升降，"篇幅简而易省，事类从而易明"①，编次极为得法。

班固"既以汉为书，不可更标书号"②，所以将《史记》的"书"改为"志"。《汉书》在内容方面最突出的优点是宏赡博洽，而最能体现这一特点的则是《汉书》的十志。《汉书》合并《史记》的《律书》、《历书》而为《律历志》，《礼书》、《乐书》而为《礼乐志》，承袭《史记》的《天官书》、《河渠书》，增加新材料写成了《天文志》和《沟洫志》，改写《史记》的《封禅书》而为《郊祀志》，《平准书》而为《食货志》。此外又新创立了四志：《刑法志》、《五行志》、《地理志》和《艺文志》。相对于《史记》的八书，《汉书》十志的内容更加丰富，体例也更加严整。既有继往的作用，

---

① 《文史通义·永清县志职官表序》。
② 《史通·题目》。

更具开来的意义，对后世典制体史书的编撰产生了重大影响，也成为此后正史书志篇卷写作的规范。

《汉书》的整齐之功，在列传中反映得最为明显。即以篇目而论，《史记》的命名，或以姓，或以名，或以官，或以爵，没有统一的标准，编次也少有伦类。而《汉书》则不同，一律以姓名题篇，编次先专传，次类传，接着是四夷传和域外传，最后是外戚传和王莽传，整齐划一，一览可知。多载有用之文，这是《汉书》的一大特色，尤其是《汉书》各传，对于"有关于学问，有系于政务"的文章，都一一载录。赵翼曾将《汉书》所有、《史记》所无、而有关经术政治的章疏，加以列举，以示表彰。

《汉书》武帝之后的蓝本和凭借，主要是各家续《史记》之作，尤其是班固之父班彪的著作。武帝以前，由于《史记》已有完整的记载，所以《汉书》最大限度地利用了《史记》的材料。有人因此偏激地指责班固"专事剽窃"、"尽窃迁书"、"掠人之文"。其实，班固在利用《史记》的材料时，是下过一番斟酌取舍功夫的，并不能一概视为抄袭。赵翼曾将两书的相同部分做过比较，认为《汉书》之于《史记》，增加了新的传目，在旧的传目之下，补充了新的事实，尤其新增了一些文章，使许多重要的文献得以保存。

三、《二十四史》各史简介

由于"固之序事,不激诡,不抑抗,赡而不秽,详而有体,使读之者亹亹而不厌",所以书成之后,甚为当世所重,以至于"学者莫不讽诵"[①]。但《汉书》多古字古词,比较难懂,即使当时人也有很多地方读不通。著名的学者马融,就曾从班昭学习,所谓"伏于阁下,从昭受读"[②]。孙权为了让孙登读《汉书》,了解汉代的历史,也只好派张休到班昭那里学习,然后再教授孙登。这种状况,也就提出了为《汉书》作注的要求。"始自汉末,迄乎陈世,为其注解者,凡二十五家。至于专门受业,遂与五经相亚。"[③]到了唐代,颜师古受唐太宗太子承乾之命,注释《汉书》。他博采唐以前二十三家注释《汉书》的成果,"凡旧注是者,则无间然,具而存之,以示不隐。其有指趣略举、结约未伸,衍而通之,使皆悉备,至于诡文僻见,越理乱真,匡而矫之,以祛惑蔽。若泛说非当,芜辞竟逐,苟出异端,徒为烦冗,祇秽篇籍,盖无取焉。旧所缺漏,未尝解说,普更详释,无不洽通"[④]。颜注出后,《汉书》便大体可读了,所以一向有颜师古是《汉书》的功臣之说。

---

① 《后汉书·班彪列传》。
② 《后汉书·列女传》。
③ 《史通·正史》。
④ 《汉书叙例》。

其后,《汉书》的注释依然是代不乏人。清代学者,研习《汉书》尤勤,或分释某篇,或校补数卷,成就斐然。至于综理全书,则有钱大昭的《汉书辨疑》,沈钦韩的《汉书疏证》,周寿昌的《汉书注校补》,王峻的《汉书正误》,李慈铭的《汉书札记》等。王先谦将自唐以来的六十七家注释,综汇在一起,写成了《汉书补注》一百卷,成为历代《汉书》注的集大成之作,是最佳的《汉书》注本。今人杨树达著《汉书窥管》,对王氏的补注又有所补正。

《后汉书》

东汉虽在三国之前,但史书却写成在后,《三国志》撰著于西晋之初,而《后汉书》却成书在刘宋时期。

《后汉书》记载了从东汉光武帝建武元年(公元二五年)到汉献帝建安二十五年(公元二二〇年)近两百年的历史。包括本纪十卷、列传八十卷和志三十卷,共一百二十卷。其中纪、传的作者是南朝刘宋时的范晔,而志的作者则是晋朝的司马彪。

范晔字蔚宗,祖籍顺阳(今河南淅川),后家居山阴(今浙江绍兴)。祖父范宁,是《春秋谷梁传集解》的作者。范晔生于晋安帝隆安二年（公元三九八年），少好学，博览经史，善为文，精于音乐。他曾投入宋武帝儿子彭城王刘义康的部下，参议军事，后为荆州别驾从事。元嘉元年（公元四二四年），范晔作为刘义康的旧僚属来参加其母的葬礼，但他酒瘾大发，夜中酣饮，醉后开窗听挽歌为乐，由此得罪了彭城王，被贬为宣城太守。郁郁不得志，这才参考众家《后汉书》，写成了一家之作。

范晔为人刚直落拓，恃才傲物。宋文帝知道他善弹琵琶，有一次想听他弹一支新曲，他不从命。当东晋南朝佛教大盛之时，朝野内外，君臣上下，都信佛崇佛。范晔不但不信，还一定要与信佛的当朝丞相何尚之一争高低，直到临死之前还让人"寄语何仆射，天下决无佛"。才华出众本来就容易招致他人的妒忌和排斥，范晔非但不加注意，而且还写了《和香方》，借药名药性对满朝权贵遍加讽刺。最后，范晔终于被宋文帝以谋反罪杀害，年仅四十七岁。他在《狱中与诸甥侄书》一开篇就说："吾狂衅覆灭"，说明他自知是因疏狂招的祸。

元嘉九年（公元四三二年），年仅二十七岁的范晔开始写作《后汉书》。这时距东汉亡国已相去二百多年，史料的来源，不像《史》、《汉》，能得之于见闻和传说。好在各种恩怨都已淡漠，许多史料得以面世流布，其中，通纪一代的就有"为编年者四族，创纪传者五家"[①]。除东汉官修的《东观汉纪》之外，谢承有一百三十卷的《后汉书》，谢沈有一百二十二卷的《后汉书》。司马彪有八十三卷的《续汉书》，华峤有九十七卷的《后汉书》，薛莹有一百卷的《后汉记》，张莹有五十五卷的《后汉南纪》，张璠有三十卷的《后汉记》，袁宏有三十卷的《后汉纪》。此外，像袁晔的《献帝春秋》，乐资的《山阳公载记》，王粲的《汉末英雄记》之类，也足资参考。范晔"广集学徒，穷览旧籍"，应该说是充分利用了这些材料的。

范晔所以要继诸家之后，再事撰著，是因为他对前人的著作少有满意。即使班固的《汉书》，他也认为有许多不尽人意之处，只是十志还可以。因此他立意要编一部高质量的史书。范晔之后，梁萧子显有《后汉书》一百卷，王韶有《后汉林》二百卷。范氏前有先人，后有来者，但其书出后，前者逐渐销沉，后者不得风行，他的书得以专美于后世，可见必有过人之处。

在诸家《后汉书》中，既有纪传体，又有编年体，范晔

---

① 《史通·古今正史》。

三、《二十四史》各史简介

采用哪一种体裁,事前曾有过一番琢磨。在他看来,"春秋者,文既总略,好失事形,今之拟作,所以为短;纪传者,史班之所变也,网罗一代,事义周悉,适之后学,此焉为优,故继而述之"[①]。编年体文简事略,记事难于周遍,相形之下,纪传体则可网罗一代之全,事义周悉。因此,他选择了纪传体。范晔和陈寿都采用纪传体,对纪传体的发展起了巩固作用。

与《史记》、《汉书》相比,《后汉书》在编纂上又有了新的发展。首先是为皇后立纪,虽然这一做法开始于华峤,但范晔采纳了这一意见,实在也是因事制宜的变通之举。东汉帝系,虽传十三世,但诸帝多不永年。如殇帝、冲帝和质帝,在位各仅一年,少帝在位半年即被废,北乡侯在位仅八月即薨,且在位时年幼(如殇帝即位时,生仅百余日),朝政多出于太后。和帝之后,窦、邓、阎、梁、窦、何六位太后相继临朝,为之立纪也是合乎实情。只是范晔因此将临朝称制的六位太后及其他各后也混合立纪,论者认为如此与纪的义例不相符合。范晔最大的创造是在列传方面,尤其表现在类传上。十一个类传中,只有《循吏列传》、《酷吏列传》、《儒林列传》和《四夷列传》为前史所有,另外七种都是范

---

① 《隋书·魏澹传》引。

氏所创。范晔根据东汉一代特有的社会风尚和时代特点，创立了《宦者列传》和《党锢列传》，记述东汉时期宦官专政、残害忠良以及太学生抨击时政、抗议残暴的史实。创立了《逸民列传》和《独行列传》，以表彰那些"不事王侯、高尚其事"的逸民隐士和操行俱绝、特立卓行的耿介之士。《儒林列传》之外，范晔又创立《文苑列传》，以表现东汉"文胜篇富"的文学状况。《方术列传》则记述神仙怪异，多阴阳占卜一类的人物，但也包括了郭玉、华佗在内的名医。最值得一提的还是《列女传》，范晔认为，史书不为妇女立传是有缺欠的，"世典咸漏"的局面有待改观，他因此在《后汉书》中设立了《列女传》，以记载那些才行优异的各种类型的妇女。所选的十七位妇女，主要是"才行尤高秀者、不必专在一操"[①]。后世的一些史书把《列女传》改为《烈女传》，所记的都是些严守三纲五常的贞女烈妇，正史变成了妇女的贞节牌坊，这与范晔在《后汉书》中为妇女立传的本义是大异其趣的。

范晔因事制宜，别开生面，创立了许多新的类传，不仅完整地记载了一代史实，很好地反映了东汉社会的特色，而且在编纂学上为后人处理新的史料提供了借鉴。清代史学家

---

① 《后汉书·列女传》序。

三、《二十四史》各史简介

邵晋涵评议说："东汉尚气节，此书创为《独行》、《党锢》、《逸民》三传，表彰幽隐，搜罗殆尽"，"所增《文苑》、《列女》诸传，诸史相沿，莫能刊削"。的确，《后汉书》所新设的传目，除了《党锢列传》和《方术列传》属于特定的时代之外，其他各传都为后来的史家所取法。

《后汉书》的合传一般以人品相同者为一传，不受时间先后的限制，比《史记》和《汉书》更为严格地使用类叙法，编次极为周密。比如王充、王符和仲长统虽非同时之人，但都是思想家和著述家，并且淡于荣利，所以合为一传。卓茂、鲁恭、魏霸、刘宽等人都有"宽仁恭爱"之称，所以同在一卷。如此之类，还可以举列很多。此外，《后汉书》的列传所记虽多达五百多人，但东汉的三公九卿未入列传的还不少，所以如此，与范晔的性格颇有关系。他对那些地位不高而人品足称的人，有闻必录；相反，对那些高官显爵而苟合取容、无可短长的人，则不予立传。这正如王鸣盛所说的："今读其书，贵德义，抑势利，进处士，黜奸雄。论儒学则深美康成，褒党锢则推崇李杜。宰相无多述，而特表逸民；公卿不见采，而惟尊独行。立言若是，其人可知。"[①]

---

① 《十七史商榷》卷六一。

范晔曾明确提出，他撰著《后汉书》的目的，是"欲因事就卷内发论，以正一代得失"。因此他最重视史论。《隋书·经籍志》著录有范晔的《后汉书赞论》四卷，可知范晔的史论是曾经单行的。《后汉书》的论赞有很多独到的见解，颇能体现作者的思想心迹。范晔对他的论赞也极为自负，"赞自是吾文之杰思，殆无一字空谈，奇变不穷，同含异体，乃自不知所以称之"。又说："吾杂传论，皆有精意深旨，既有裁味，故约其词句。至于《循吏》以下及六夷诸序论，笔势纵放，实天下之奇作。其中合者，往往不减《过秦篇》。尝共比方班氏所作，非但不愧之而已。"[①] 这种自信，固然是范晔旷达自负性格的体现，但也确乎是《后汉书》论赞的实际写照。

范晔作史，十分注重文采，他因为华峤《后汉书》的文词比较美，所以用作蓝本。为了所重的文，他甚至不惜让历史事实有所亏缺。这种过于重视文采的做法，是两汉六朝时期史家的风气，非止范晔一人。也正因为范晔的文章很美，所以能在诸家《后汉书》中争胜，前人以它取代《东观汉纪》，与《史记》、《汉书》并称"三史"，也主要是取这一点。

---

① 《后汉书》后附《狱中与诸甥侄书》。

三、《二十四史》各史简介

范晔在《狱中与诸甥侄书》中曾说:"常谓情志所托,故当以意为主,以文传意。以意为主,则其旨必见;以文传意,则其词不流。然后抽其芬芳,振其金石耳。"《后汉书》文词流畅精妙,应该说是达到了这个要求。

在编写《后汉书》之前,范晔即有很周详的方案,他计划要写十纪、十志和八十列传。关于志这一部分,他打算遍作诸志,只要班固《汉书》中所有的,他的著作中就要有,并要文简事赅,内容完备。在纪、传中,还有"事在"或"语在"《百官志》、《礼乐舆服志》和《五行志》之类的交代。这一切都说明《后汉书》拟立的志的规模体制,已经酝酿很成熟。但范晔拟写的十志,是交付给谢俨撰写的,在范晔以谋反罪被处死之后,谢俨将已写成的书稿"悉蜡以覆车"。后来宋文帝虽派丹阳尹徐湛之到谢俨处寻求,但已不可复得,现在《后汉书》中的八志三十卷,是南朝梁刘昭从司马彪的《续汉书》中抽出来补进去的。

司马彪是晋高阳王司马睦的长子,从小嗜书好学,但好色薄行,不得为嗣,因此闭门苦读,博览群籍。鉴于汉室中兴,忠臣义士昭著,但没有好的史书加以记载,于是"讨论众书,缀其所闻,起于世祖,终于孝献,编年二百,录世十二,通

51

综上下，旁贯庶事，为纪、志、传凡八十篇，号曰《续汉书》"①。范晔的《后汉书》流布开来之后，司马彪的《续汉书》和诸家之书一道被渐次淘汰，只有三十卷注因补入范书而被保存下来。司马彪的八志，也是以东汉以来的旧作为依据写成的，"律历之篇仍乎（刘）洪、（蔡）邕所构，车服之本即依董（巴）、蔡（邕）所立，仪祀得于往制，而百官就乎故簿，并籍据前修，以济一家者也"②。由于《食货志》的写作没有凭借，所以付诸阙如，这实在是一大缺憾。但把已有的成果纳入史书中，新创了《百官志》和《舆服志》，则为后世史书所依循。

南朝梁人刘昭，既为范晔《后汉书》作注，又为司马彪的《续汉书》的志作注。有感于范晔的《后汉书》，虽跨越众家，但"序或未周，志遂全缺"，所以将《续汉书》的志移植到了《后汉书》中，并"分为三十卷，以合范史"。到了唐朝，章怀太子李贤在张大安、刘讷言、格希玄、许叔牙、成玄一、史藏诸、周宝宁等人的协助下，为《后汉书》的纪、传作注。他们或援据旧籍，补充范史，或训诂音义，注释名物，或订正范书所误，或标示范书所据。由于李贤注比刘昭

---

① 《晋书·司马彪传》。
② 刘昭《后汉书注补志》序。

注要好，所以李贤注本流传开来之后，刘昭所注的《后汉书》纪、传部分便逐渐失传了，但他所注的志却仍在流传。到了宋真宗乾兴元年（公元一〇二二年），由于孙奭的建议，才将李贤和刘昭注合并于范史。清人校正补订《后汉书》，也是成绩斐然。钱大昕的《二十二史考异》、钱大昭的《后汉书辨疑》、周寿昌的《后汉书补正》、李慈铭的《后汉书札记》，释纷解疑，澄清了诸多疑难，至于惠栋的《后汉书补注》成就更大。王先谦的《后汉书集解》，收集了自唐以来的研究成果，是注释《后汉书》的集大成之作。

《三国志》

从魏文帝黄初元年（公元二二〇年）到晋武帝太康元年（公元二八〇年）六十年间，是中国历史上魏、蜀、吴三国鼎立的时期，记载这段历史的正史，是陈寿所撰的《三国志》。

陈寿字承祚，巴西安汉人（今四川南充）。生于蜀后主刘禅建兴十一年（公元二三三年），死于晋惠帝元康七年（公元二九七年），跨越两代。陈寿年轻时受学于《古史考》的作者谯周。他"聪警敏识，属文富艳"，不仅聪明颖悟，而且文章写得很好。在蜀汉政权下，曾出任秘书郎、散骑黄门侍郎。入晋之后，始则以居父丧期间使婢调治药丸，未能远嫌见讥，继又因遵母遗令，未能送归家乡安葬被责。但由于撰述多有成就，加上有张华、杜预等人的赏识，虽一时沉废，总的来看，仕途还算顺遂。历任著作佐郎、著作郎、治书侍御史等职，也并不是什么"任望不充其才"，恰恰相反，正是这些有助于他从事撰述的官职，才使得他成果丰硕。除了《三国志》之外，他还编定了《诸葛亮集》，并著有《益部耆旧传》、《古国志》等史学著作。

陈寿撰著《三国志》具体时间和成书年代，史无明文，一般认为是在入晋为著作郎之后。这时，王沈的《魏书》、韦昭的《吴书》作为官修史书已经面世，鱼豢私撰的《魏略》也已经成书。至于蜀汉，由于"国不置史，注记无官，是以行事多遗，灾异靡书"[1]。所以蜀汉史事，有赖于陈寿搜集。好在陈寿原本蜀人，对于故国文献，较为熟悉，又有意撰述，也颇为留心。在撰著《三国志》之前，他即奉命编定了《诸葛亮集》。对蜀汉最为关键的人物诸葛亮已有所了解。但由于与三国相去不远，许多史料尚未行世，可利用的现成成果实在太少，个人见闻所及，也十分有限，所以史料缺乏，是

---

[1] 《三国志·蜀后主传》评。

三、《二十四史》各史简介

陈寿作史的最大困难。

《三国志》凡六十五卷,其中《魏志》三十卷,《蜀志》十五卷,《吴志》二十卷。全书虽以志为名,实则并无一志。《魏志》有本纪和列传,蜀、吴二志则只有列传。刘备的《先主传》,孙权的《吴主传》,虽然是按编年顺序记事,符合本纪体,但也名之为传,可见陈寿是以魏为正统的。后来的许多人对陈寿这样处理问题颇不以为然。东晋的习凿齿作《汉晋春秋》,即以刘备为正统。司马光的《资治通鉴》以魏纪年,朱熹作《通鉴纲目》则以汉纪年。宋人萧常作《续后汉书》、元人郝经作《续后汉书》,明人谢陛作《季汉书》,都是要为刘备争正统。正闰之争,现在看来没有任何意义,但陈寿以魏为正统,却也是不得已。《四库全书总目》的一段话说得很明白,"以势而论,则凿齿帝汉顺而易,寿欲帝汉逆而难,盖凿齿时晋已南渡,其事有类乎蜀,为偏安者争正统,此孚于当代之论者也。寿则身为晋武之臣,而晋武承魏之统,伪魏是伪晋矣,其能行于当代哉!此犹宋太祖篡立近于魏,而北汉、南唐迹近于蜀,故北宋诸儒皆有所避而不伪魏。高宗以后,偏安江左,近于蜀,而中原魏地全入于金,故南宋诸儒乃纷纷起而帝蜀。此皆当论其世,未可以一格绳也。"这也就是说,关于三国历史中的正闰之争,都是与当时的政治形势密切相关的。

《三国志》所记，主要是从曹丕称帝到吴国被灭六十年间的历史，但并不局限于此，所谓"事关汉晋，首尾所涉，出入百载"[①]。也就是说，陈寿在编撰《三国志》时，并不是严格以王朝兴亡的年代为标准的。而是考虑到三国的形成由来已久，所以断限的起点，不是定在曹丕建国，而是从汉灵帝末年开始，上溯了将近四十年。这样，《三国志》中的有些人物传记，如董卓、公孙瓒、陶谦、袁绍、袁术、刘表、吕布、臧洪、华佗等人，就与《后汉书》发生了重复。刘知几曾批评陈寿在断限问题上的决断，认为汉末诸人，载入三国史书，"非唯理异犬牙，固亦事同风马"，对于"汉典所具，而魏册仍编"[②]的做法，他甚不以为然。且不说《三国志》成书在《后汉书》之前，汉末割据称雄之辈，既与三国历史相关联，陈寿做此安排，敢于冲破王朝年限的约束，以反映一代历史的源流始末，充分表现了一个史学家应有的历史感。

　　陈寿作史，取材十分谨慎，为其书作注的裴松之，称《三国志》"事多审正"。叶适所谓裴注所载，"皆寿书之弃余"，虽说是偏激之论，却也不无几分道理。其中许多史实，如诸

---

① 《三国志》后附裴松之《上三国志注表》。
② 《史通·断限》。

葛亮对孟获七擒七纵，设空城计巧骗司马懿之类，都是陈寿在做了一番斟酌考虑之后舍弃的。赵翼在《廿二史札记》中，专有《三国志书事得实处》一条，举列了许多材料，来说明陈寿不惑于异说，矜慎作史，下笔不苟。

"铨叙可观"是《三国志》的另一特色。陈寿对史事的安排颇为严密。同是一事，详于此则略于彼，略于此则详于彼，少有重复。三国鼎峙之际，许多史事事关三国，如果不能前后贯通，就会繁冗芜杂。陈寿充分注意到了这一点，凡见于《魏志》的，则《吴志》、《蜀志》不重出；反之，凡见于《蜀志》、《吴志》的，《魏志》也不重出。因此，《三国志》通体简约爽洁，前后矛盾的很少。陈寿虽说从小就"属文富艳"，但具体到撰著史书，就不能不有所收敛，不能再效司马相如的华丽，只能是以质直见长。叶适说陈寿的文笔，胜过班固，可比司马迁，未免称许过高。我们认为李慈铭的评价倒颇为中肯，"承祚固称良史，然其意务简洁，故裁制有余，文采不足。当时人物，不减秦汉之际，乃子长作《史记》，声色百倍，承祚此书，暗然无华。范蔚宗《后汉书》，较为胜矣。"[①]的确，陈寿在在求简的做法，极大地限制了他文采的发挥。

---

① 《越缦堂日记》咸丰己未三月初三日。

《三国志》的史评,一向为人们所称道,陈寿在各传之后所作的"评曰",大都能针对各人的特点,简要地概括其行事,并做出较为允当的评议。如说曹操"运筹演谋、鞭挞宇内,揽申、商之法术,该韩、白之奇策。官方授材,各因其器,矫情任算,不念旧恶,终能总御皇机,克成洪业者,惟其明略最优也。抑可谓非常之人,超世之杰矣"。论刘备"先主之弘毅宽厚,知人待士,盖有高祖之风,英雄之器焉。及其举国托孤诸葛亮,而心神无贰,诚君臣之至公,古今之胜轨也。机权干略,不逮魏武,是以基宇亦狭。然折而不挠,终不为下者,抑揆彼之量必不容己,非唯竟利,且以避害云尔"。评孙权"屈身忍辱,任才尚计,有勾践之奇,英人之杰矣。故能自擅江表,成鼎峙之业。然性多嫌忌,果于杀戮,暨臻末年,弥以滋甚"。其他如对诸葛亮、吕蒙以及董卓、吕布等人的评议,也都着语不多,而极为精妙。可以说,正是陈寿的史评,极大地影响了后人对于三国人物的意见。

正因为《三国志》的上述优点,所以才受到人们的推重。"时人称其善叙事,有良史之才"[①]。夏侯湛当时正在撰著《魏书》,但看到陈寿的书后,自认为没有继续写作的必要,"便

---

① 《晋书·陈寿传》。

三、《二十四史》各史简介

坏己书而罢"。司空张华是那样钦服,以至把《晋书》的撰作也托付给了陈寿。陈寿死后,范頵等人给皇帝上书,认为陈寿的《三国志》,"辞多劝诫,明乎得失,有益风化,虽文艳不若相如,而质直过之,愿垂采录",朝廷于是让河南尹、洛阳令派人到陈寿家中抄写这部书。在刘勰看来,记录三国历史的各种史书,不是"激抗难征",就是"疏阔寡要",只有陈寿的《三国志》,"文质辩洽",可与司马迁、班固媲美。王鸣盛认为马、班、范及陈寿书超出于其他各史之上,所以极力主张要在《史记》、《汉书》、《后汉书》之外,"更益以陈寿称四史,以配五经"①。前四史的并列,主要是从整体水平上考虑的。

《三国志》虽然高出其他各史,但相对前四史的其他三史而言,是有明显不足的,其中许多问题,都曾受到后人的责难和批评。《晋书·陈寿传》记载了这样两件事:一是说陈寿要丁仪、丁廙的儿子给他一千斛米,如果照办,可考虑为他们的父亲作一好的传,但丁没有给,陈寿也就没有为丁仪、丁廙立传。二是陈寿的父亲是马谡的参军,街亭失守后,诸葛亮杀了马谡,陈寿的父亲也被剃发受罚。加上诸葛亮的

---

① 《十七史商榷》卷四二。

侄子诸葛瞻一向看不起陈寿,陈寿因此衔恨。所以说诸葛亮将略非所长,没有应敌之才;说诸葛瞻只是工于书画而已,"美声流誉,有过其实"。对这两件事,前人多有辩驳,其中王鸣盛、赵翼、潘眉为陈寿辩护尤力。但无风不起浪,陈寿所记的人或事,许多与自己相关,《三国志》中又诸多人尽皆知的曲笔回护,我们认为陈寿因个人的恩怨好恶,做不公正的褒贬是完全可能的。

陈寿撰著《三国志》,虽说"事多审正",下笔不苟,但由于他身仕晋朝,所以于魏、晋鼎革之际,不得不多有回护。又魏之承汉,与晋之承魏,情形完全相同,要为晋回护,就不得不先为魏回护。因而在《三国志》尤其是《魏志》中,陈寿常常使用回护的书法。如汉献帝被迫禅位于曹丕这件事,《魏志·文帝纪》是这样记载的,"汉帝以众望在魏,乃召群公卿士,告祠高庙,使兼御史大夫张音持节奉玺绶禅位。"似乎汉帝的让位完全是出于主动,没有任何胁迫的形迹。又如魏少帝高贵乡公曹髦欲诛司马昭,反被昭党成济所杀,出自陈寿笔下,也就成了是曹髦想谋害太后,以至于"自陷大祸",而且是罪恶昭彰,死有余辜。再则这件事完全是成济等人的"干国乱纪",与司马昭毫无干系。此外,叙魏与蜀争战,也是讳败夸胜。

三、《二十四史》各史简介

　　由于《三国志》的撰著，所凭借的史料不充足，因而记事颇为疏略，特别是其中的《蜀志》，内容更显得过于单薄。尽管陈寿费尽心力，连零篇残文也予以注意，但在书中仍不时反映出巧妇难为无米之炊的困窘。所以事隔一百多年之后，南朝宋文帝刘义隆命裴松之为之作注。针对陈寿之书"失在于略，时有所脱漏"的缺憾，裴注与以往重在训释文义的史注不同，而着力于史实的增补。从元嘉三年（公元四二六年）起，为了完成皇帝的托付，裴氏"上搜旧闻，傍摭遗逸"，务在周悉，终于在元嘉六年七月，完成了《三国志》注的工作。

　　裴氏在《上三国志注表》中，曾将自己超过于正文三倍的注文归纳为四类，"其寿所不载，事宜存录者，则罔不毕取以补其阙。或同说一事而辞有乖杂，或出事本异疑不能判，并皆抄内以备异闻。若乃纰漏显然，言不成附理，则随违矫正以惩其妄。其时事当否及寿之小失，颇以愚意有所论辩"。其后，四库馆臣又将裴注的内容综约为六端，所谓"引诸家之论，以辨是非"，"参诸书之说，以核伪异"，"传所有之事，详其委曲"，"传所无之事，补其阙佚"，"传所有之人，详其生平"，"传所无之人，附以同类"[①]。不过是

[①] 《四库全书总目》卷四五。

对裴氏自述的重新分合。也就是说，裴注的主要工作，是补充原书记载的缺漏和简略，对于各种不同的说法，则兼收并蓄，以备异闻。同时，对原文中明显的错误，也根据其他材料予以订正，并间或对陈寿的记载和所援据的其他资料的得失长短做出评议。

裴注博采群说，包罗宏富。《三国志》的原文仅二十万字，而裴注则多达五十四万字，几乎三倍于正文。自清代以来，很多人都对裴注的引书做过统计，虽互有参差，但相去不远。大略裴注引书，多达二百一十多种，除去与"史家无涉者"之后，尚有一百四十余种。过去的学者评议裴注，贬抑的说它甘苦不分、繁芜无断；褒誉的说它综核精严、博赡可观。平情而论，裴注确乎有嗜奇爱博之病，乃至多凿空语怪，但它网罗六朝旧籍，不仅宏富可观，而且首尾完具。现在这些材料已十不存一，所以裴注在保存历史资料方面，是大有功于后世的。

与其他正史一样，清代学者对《三国志》的研究也是成果丰硕，如杭世骏有《三国志补注》六卷，钱大昭有《三国志辨疑》三卷，潘眉有《三国志考证》八卷，梁章钜有《三国志旁证》三十卷，周寿昌有《三国志证遗》八卷，赵一清有《三国志注补》六十五卷，钱仪吉有《三国志证闻》三卷。民国时人卢弼，吸收清人的考订成果，勤加校勘，在抗战之初写成了《三国志集解》六十五卷。它不仅注释陈寿原文，而且注释裴松之注文。虽说有版本选择欠当，校勘只记异同、不定是非，注释于普通官名地名也盈篇累牍，注释不休等问题，但它征引繁富，颇便学人。

《晋书》

唐贞观之初，政府先后组织了《梁书》、《陈书》、《北齐书》、《周书》和《隋书》，"五代史"的修纂，开了官修史书的先例。但调动的人员之众，却不及随后所修的《晋书》。自《晋书》修成后，历代正史的修纂，几乎都非官修不可，由此出现了中国史学史上由私人修史到官府修史的转折。

《晋书》的作者署名，一般都是房玄龄。实际上，房玄龄不过是以宰相领导修书，并没有参加编写工作。即使监修，除了房玄龄之外，还有褚遂良和许敬宗。至于具体分工撰录的，则有来济、陆元仕、刘子翼、卢承基、李淳风、李义府、薛元超、上官仪、崔行功、辛丘驭、刘胤之、杨仁卿、李延寿、张文恭等十四人。此外，还有令狐德棻、敬播、李安期、李怀俨和赵弘智五人考证类例。史称"当时同修一十八人，并推德棻为首,其体制多取决焉"①。又说:"大抵凡例皆(敬)播所发也。"②所以《晋书》的修撰,起关键作用的是考证类例的五人,其中令狐德棻和敬播二人,发凡起例,重加考证,功劳尤多。

至于具体的分工,由于史无明文,已难于详知,不过总的原则是:"随其学术所长者而授之,未尝夺人之能而强人所不及。"③对那些博古通今的人,"则授之以纪传";"明天文、地理、图籍之学"者,"则授以志",如李淳风"博涉群书;尤明天文、历算、阴阳之学",便授之以"天文、律历、五行志"。因为唐太宗对晋朝的奠基人司马懿和完成统一事业的司马炎有兴趣,又特别喜爱陆机的文章和王羲之的书法,并为这四篇纪传写了论,所以史臣们在书成奏进时,题称御撰,以示尊君。在《二十四史》中,《晋书》是唯一一部有皇帝亲自参与撰写的史书。

《晋书》始修于唐贞观二十年(公元六四六年),成书于贞观二十二年(公元六四八年),这时距西晋亡已有三百多年,距东晋亡也有两百多年。修史的凭借,已不能依赖闻见,

---

① 《旧唐书·令狐德棻传》。
② 《新唐书·敬播传》。
③ 《通志·艺文略》。

而完全借助于文献。好在前人留下了大宗关于晋史的文献。晋代诸帝的起居注,到唐初仍有保存。其他文集、杂史之类,也为数不少。特别是前人所修的《晋书》,多达数十种,为唐修《晋书》提供了极大的便利。前人所修的《晋书》,相传有十八种,实际并不止此数。属于纪传体的,有东晋王隐的《晋书》九十三卷,虞预的《晋书》四十四卷,朱凤的《晋书》十四卷,何法盛的《晋中兴书》七十八卷,宋谢灵运的《晋书》三十六卷,齐臧荣绪的《晋书》一百一十卷,梁萧子云的《晋书》一百零二卷,萧子显的《晋史草》三十卷,郑忠的《晋书》七卷,沈约的《晋书》一百一十一卷,庾铣的《东晋新书》七卷。属于编年体的,则有西晋陆机的《晋纪》四卷,东晋干宝的《晋记》二十三卷,曹嘉之的《晋纪》十卷,习凿齿的《汉晋阳秋》四十七卷,邓粲的《晋纪》十一卷,孙盛的《晋阳秋》三十二卷,宋刘谦之的《晋纪》二十三卷,王韶之的《晋纪》十卷,徐广的《晋纪》四十五卷,檀道鸾《续晋阳秋》二十卷,郭季产的《续晋纪》五卷。至于十六国史事,则有崔鸿的《十六国春秋》一百二十卷,萧方等的《三十国春秋》三十卷。这些史书到唐初虽已不同程度地散佚,但大体尚存,这样成为唐修《晋书》的重要依据。

在众多前人所修《晋书》中,或只及西晋,或仅限于东晋,有的只记三世，还有的仅限于二帝。通记两晋的，只有臧荣绪、萧子云、沈约三人。沈约书至唐已亡，萧子云的著作，《隋书·经籍志》著录时，仅存十一卷，只有臧荣绪的一百一十卷《晋书》，尚纪录志传齐备，首尾完具。唐修《晋书》即以此为蓝本，再参考诸家，兼综互订而成。正因为如此，为了区别臧荣绪的《晋书》，唐修《晋书》又被称为《新晋书》。只是在后来臧书和众家《晋书》失传之后，不再有新旧之分，唐修之书才独占《晋书》之名。

唐所以要继众家之后，再修《晋书》，主要是不满意前人的修撰，所谓"制作虽多，未能尽善"。唐太宗在《修晋书诏》中就说："十有八家，虽有记注，而才非良史，事亏实录。"接着还逐一论列了各家所存在的缺憾。这一动机就表明，唐修《晋书》是要超迈于十八家晋书之上。事实上也是如此，它不仅以十卷帝纪、二十卷志、七十卷列传，首尾完备地记载了两晋一百五十多年的盛衰兴亡，而且创设了载记，用以记载五胡十六国纷乱的历史。完善的体例，保证了内容的完备，这是唐修《晋书》与十八家晋书的最大不同。此外，《晋书》的十志，本末兼明，极有伦类，尤其是出自李淳风之手的《天文》、《律历》和《五行》三志，颇为精审，最为世人所称道。再有"当时史官，如令狐德棻等，皆老于

三、《二十四史》各史简介

文学，其纪传叙事，皆爽洁老劲，迥非魏、宋二书可比。而诸僭伪载记，尤简而不漏，详而不芜，视《十六国春秋》不可同日语也。其列传编订，亦有斟酌"①。正因为如此，唐修《晋书》成书后，"言晋史者，皆弃其旧本，竞从新撰"②，终于使众家晋书销沉湮没。

《晋书》成于众手，前后矛盾，失去照应之处甚多。至于叙事的错误、记载的疏漏，更是难以计数。清人张熷的《读史举正》，指出《晋书》的错误，多达四百五十多条。如《冯纨传》说"纨兄恢，自有传"，《殷颢传》说"弟仲文、叔献，别有传"，而实际上书中并没有《冯恢传》和《殷仲文传》、《殷叔献传》。《李重传》说"重议之，见《百官志》"，其实《晋书》没有《百官志》，只有《职官志》，并且《职官志》中也不载李重的奏议。《司马彪传》说"语在《郊祀志》"，实际上《晋书》根本没有《郊祀志》，此事也不见于《礼志》。这些一目了然的错误，显然是工作不仔细所致。又如《地理志》，本于太康三年所修的《地记》，所以仅详于西晋的情况，永嘉以后到东晋时的建置和演变则非常简略，对于侨置

---

① 《廿二史札记》卷七。
② 《史通·古今正史》。

67

郡县也不加区分，以致混淆不清，十六国疆域更是语焉不详。即此一志，清毕沅就校正出讹漏"凡数百条"。

《晋书》采择史料颇为轻率。两晋时期，志怪小说大量出现，史臣们不加分辨，将《搜神记》、《幽明录》一类的小说杂记也收录入史，以至于大量鬼神怪异、因果报应等荒诞迷信的材料充斥于《晋书》。如《夏统传》近似神话，《郭璞传》颇多异事，至于说干宝父亲的宠婢，被干宝的母亲推入墓中，关闭十多年，后来开墓时，依然如生，"经日而苏，既而嫁之、生子"，更是荒诞不经。史臣们这种"好采诡谬碎事以广异闻"、"忽正典以取小说"的做法，一向为人们所诟病。此外，《晋书》为宣传忠孝，证实"孝感"，在《王祥传》等篇中，将一些虚妄的传说，如双鲤黄雀之事，郑重地记载下来，也都极大地降低了《晋书》的价值。

关于《晋书》的注释，旧有唐人何超的《晋书音义》三卷，对阅读《晋书》有一定的参考价值，所以殿本、金陵书局本和点校本都附刊于全书之后。清代以降，校理《晋书》的成果有卢文弨的《晋书校正》一卷，劳格的《晋书校勘记》三卷、李慈铭的《晋书札记》五卷、周家禄的《晋书校勘记》五卷、丁国钧的《晋书校文》五卷以及张元济和张森楷各自的《晋书校勘记》。清末民初的吴士鉴，用了二十多年的时间，写成了《晋书斠注》一百三十卷。它仿裴松之注《三国志》例，遍收十八家逸史和唐宋以前的文献，又吸取清代学者的校勘考订成果，引书多达三百二十多种，是最为详赡的注本，具有很高的实用价值。

《宋书》

《宋书》的作者沈约，字休文，吴兴郡武康县（今浙江德清县）人，是南朝著名的文坛领袖和历史学家。他出身于门阀士族之家，其家有"江东之豪"之称。但在王朝更迭和连年战乱的南朝时期，即使士族之家也可能在一夜之间破落。元嘉三十年（公元四五三年），其父沈璞因迎立孝武行动迟疑被诛，年仅十三岁的沈约便"流寓孤贫"。但他刻苦自励，笃志好学，以至于博通群籍，善于属文。因为他的才学，颇受时人赏识，再加上他世故练达，随波逐流，所以仕途颇为顺遂。仕宋为尚书度支郎，在齐官至国子祭酒，在参与了萧衍的嬗代密谋之后，入梁更是官拜尚书仆射，享尽荣华。沈约"用事十余年，未尝有所荐达。政之得失，唯唯而已"[1]。

---

[1] 《梁书·沈约传》。

政治上没有什么可称道的。但他为官清廉，不饮酒，少嗜欲，即使时遇甚隆，居处却颇俭素。只是酷好书籍，聚书多达两万多卷，与任昉、王僧孺同是南朝历史上的三大藏书家。沈约学综文史，才堪撰述，加上"历任三代，该悉旧章，博物洽闻，当世取则"①，著述极丰。年二十许，便有意撰述晋氏一代之史，历二十五年，终于写成了《晋书》一百一十一卷。他还著有《齐纪》二十卷、《梁武纪》十四卷、《迩言》十卷、《谥例》十卷、《文章志》三十卷和文集一百卷。此外，还有被列为《二十四史》之一的《宋书》。

《宋书》一般题为梁沈约撰，实际上沈约撰著此书，是在齐永明时。永明五年（公元四八七年）春，沈约被敕撰著《宋书》，次年二月便毕功奏上，所用时间，不足一年，在《二十四史》中，是成书最快的一部。所以如此，原因大略有二：一是沈约这次奏呈的，只有纪十卷，传六十卷。"修史之难，无出于志"，最难写的志，尚待"须成续上"，也就是说，三十卷志，是在这之后写成的。二是沈约修史，有所凭借，在沈约之前，即有三部《宋书》存在。一部是宋徐爰的六十五卷本，另一部是宋大明中无名氏的六十一卷本，还有一部是齐孙严

---

① 《梁书·沈约传》。

的六十五卷本。其中徐爰的《宋书》，先由何承天和山谦之草撰了宋武帝一代的纪传和天文、律历二志，继又由苏宝生续成宋文帝一代诸传，最后又由徐爰编修了孝武帝一代的纪传，并"因何、苏所述，勒为一史"。记事起于晋安帝义熙之初，迄于宋孝武帝大明之末。沈约即以此书为蓝本。他所要做的工作，不过是要补记永光至"禅让"十四年的史事，删除宋武帝永初元年（公元四二〇年）以前属于晋史的那一部分。

《宋书》编纂，由于大量利用刘宋史官的成果，又因为成书于随后的南齐史官，所以叙事多所忌讳，时有曲笔。于晋宋革易之际，要替宋讳，于宋齐更替之时，又要为齐讳。如晋宋间帝位交替事，《宋书》用了一千四百多字的篇幅，主要是说晋帝自动逊位，刘裕谦让再三，以至要群臣反复劝进，方才登位称帝，至于阴谋威逼，则不及一字。宋汝阴王被废，是萧道成派王敬则逼杀所致，沈约却写成了"天禄永终，禅位于齐"，绝不见丝毫篡夺杀戮的迹象。沈约作刘宋皇帝的本纪，而要将为刘宋的人事称为反，把为萧齐的称为义，在刘宋国史中，竟称萧齐为"圣朝圣代"。如此之类，也就难怪刘知几严正地斥之为"多妄"，批评它"舞词弄札，饰非文过"①了。

《宋书》的八个志凡三十卷,篇幅几乎占全书的一半,可以看作是全书的精华所在。《律历志》、《天文志》出自天文历算专家何承天之手,人们一向服膺其精密。《礼志》卷帙繁富,详赡淹博,以至有人认为远胜《史记》和《汉书》。沈约精于律吕之学,《乐志》有意识地保存了大量的民间乐府诗篇,很有价值。《百官志》系统记述了三国至刘宋的官职沿革,尤详于魏晋非常之制,为唐修《晋书》所取材。《州郡志》记晋宋间州郡分合改易、户口消长,最孚实用。只有他新创的《符瑞志》与《五行志》,烦冗地罗列寅变感应相补充,通篇充斥着白虎、丹书、甘露、嘉禾一类的怪异,与人事相附会;并从太昊宓牺氏说起,历代帝王无不备载,自以为能补前史之阙,最为荒唐可笑。宋志最大的特点是注重溯源,往往有意识地上溯曹魏,以补《三国志》无志的缺憾,中间也包括晋代,这样使各种典章制度源流分明。虽然有人批评它失于断限,但这种远溯三代,近及秦汉,尤详于魏晋以来的做法,实在于研究刘宋一代典志,有益无损,并备前史之所未备,还为唐修《晋书》所取材。没有刑法志和食货志,

---

① 《史通·曲笔》。

这才是宋志最大的不足。

《宋书》的列传凡六十卷，传记人物二百三十多人，其中多有一种比较特殊的附传。附传人名除少数附见于本传目录之外，大多数都不入目录。另外，《宋书》还大量使用带叙法，即"其人不必立传，而其事有附见于某人传内者，即于某人传内叙其履历以毕之，而下文仍叙某人之事"①。也就是在记叙传主的行事中，将有关人物也附带介绍。这种做法，传目不多，传人不少，一些不得专门立传的人也能有所安置。但个别地方，对带叙人物记载，篇幅超过了原传记者，喧宾夺主，却不可取。

沈约是文人，所以极重文士，《宋书》不立《文苑传》，完全是出于一篇传记不能全部包罗的考虑。《宋书》列传中所传文人特多，而且往往收录整篇文章，不厌其繁。"宋氏年唯五纪，地止江淮，书满百篇，号为繁富"②，显然与这种做法有关。李延寿后来修《南史》，于《宋书》删得最多，所删最主要的就是这些文章。再者，南朝极重士族，沈约又有很强的门阀观念，所以在《宋书》列传中，高门士族的人

---

① 《廿二史札记》卷九。
② 《史通·书志》。

物几乎占了一半,而且很多是只凭血统,而不问才德和事功,这样就只有罗列官衔美称。在一些传记的前面,还要记载传主先辈的官阶和履历,这使得《宋书》的一些列传显得极为空泛。

《宋书》的列传多为合传和类传,一人一卷的只有谢晦、谢灵运、袁淑、颜延之和袁粲五人。其传目大都因袭前史,自己创新的只有《恩幸传》和《索虏传》。沈约所谓的恩幸,指的是受皇帝重用、掌握机要的寒人,所谓的索虏,指的是与宋对峙的北魏。两传的名目,都有很深的贬意。如沈约就说他设立《恩幸传》,是综合《汉书》的《恩泽侯表》和《佞幸传》而成的。反映出作者浓厚的门阀意识和大汉族主义观念。

由于《宋书》过于繁富,乃至冗杂,裴子野于是在其基础上,删繁取约,撰成了《宋略》二十卷。叙事简洁,评论尤其可观,以至于沈约也自认为"吾弗逮也"。《宋略》的继出,极大地影响了《宋书》的流传,到宋朝刻版时,已多有残缺。后人杂取《高氏小史》、《南史》等书增补,虽凑够了旧有的卷数,但其中许多篇卷数,已经不再是沈约原书。

三、《二十四史》各史简介

《南齐书》

南朝宋顺帝升明三年（公元四七九年），萧道成代宋立国，建立南齐。历七主二十四年之后，萧齐又被同姓的梁所取代。《南齐书》所记的，就是这个南朝历史上最短命王朝的历史。它的作者萧子显，是齐开国之君萧道成的孙子。以曾是宗室的身份来写这个皇朝的历史，这在《二十四史》中是绝无仅有的。

萧子显字景阳，南兰陵郡兰陵县（今江苏常州）人。出身于南齐宗室，入梁后，以他出众的才华和应对，深得萧衍父子的礼遇和信任，官至吏部尚书。年四十九岁时，卒于仁威将军、吴兴太守任。萧子显为人"风神洒落，雍容闲雅，简通宾客，不畏鬼神"，性爱山水，颇负才气。做吏部尚书时，"见九流宾客，不与交言"[①]，只是将手中的扇子挥一挥而已。死后及葬请谥时，梁武帝以他恃才傲物，所以曰"骄"。萧子显酷爱历史著述，除有《南齐书》和文集二十卷之外，还有《后汉书》一百卷，《晋史草》三十卷，《普通北伐记》五卷，《贵俭传》三十卷。

---

① 《南史·齐高帝诸子列传上》。

《南齐书》的撰著时代，史无明文，一般都沿用刘知几的说法，认为是在"梁天监中"。果真如此，则《南齐书》是萧子显而立之年以前的著作。萧子显撰著此书，事前曾征得梁武帝的同意，书成后，又"表奏之"，梁武帝指示将存稿存藏在秘阁。

在萧子显之前，关于南齐史的著作已有多种。萧齐虽然享国不久，但也曾专设史馆，以撰史学士、著作郎和太史令修撰国史。建元二年（公元四八〇年），掌管史职的檀超和江淹提出了修撰国史的初步方案，打算不设表，立律历、礼乐、天文、五行、郊祀、刑法、艺文、朝令、舆服、州郡十志，并立处士和列女传，至于具体的援据分合，也都有所规定。齐高帝诏命讨论这一编纂计划，王俭建议编录食货志，省去朝令，萧道成诏依王俭所议。后来这一计划没有能实行，只有江淹写成了十志，所谓"修史之难，无出于志"，便是深知其中甘苦的经验之论。除此之外，沈约的《齐纪》二十卷，吴均的《齐春秋》三十卷，熊襄的《齐典》十卷，也都已成书。萧子显正是依本檀超、江淹的修史体例，并吸取诸家成果，最后写成了《南齐书》。作者最初为此书命名为《齐书》，后人为有别于李百药的著作，便在《齐书》之前加了一"南"字。

《南齐书》诸志及萧子显本传均作六十卷，今本实有五十九卷，计本纪八卷，志十一卷，列传四十卷。一般认为已佚失的一卷是原书的序录。

与《宋书》的作者沈约一样，萧子显撰著《南齐书》也处于一种极为尴尬的境地。他身在梁朝写史，又是梁武帝的宠臣，而写的却是自己父祖的历史。作为梁的臣子，为了生命的安全，他要揭露齐主的恶迹，证实萧衍代齐的合理。齐明帝萧鸾尽杀萧道成的子孙，萧子显心有所恨，不难做到这一点。作为萧齐的子孙，他更是为自己的父祖肆意夸耀，有意护短。他为祖父写《高帝本纪》，将传文铺张到两万多字，并极尽褒美颂扬之能事。说什么"上少深沉有大量，宽严清俭，喜怒无色。博涉经史，善属文，工草隶书，弈棋第二品。虽经纶夷险，不废素业。从谏察谋，以威得众。即位后……以身率天下，移变风俗"。而于萧道成逼宋顺帝禅位之事，却隐讳不提。按全书体例，《豫章文献王传》本来应当列入高帝诸王子传中。但由于传主是他的父亲，萧子显便把他单列为"列传第三"，并作了一篇长达六千七百多字的传记，来为自己的父亲树碑立传。甚至还说，"周公以来，则未知所匹也"。这种无所顾忌的虚美隐恶，一向被人们所诟病，认为它大有违史家直笔的传统。

《南齐书》的八志，虽本于江淹的十志，但仍缺食货、艺文和刑法三志。而且，"天文但纪灾祥，州郡不著户口，祥瑞多载图谶"，加上类传名目沿袭《宋书》，只是稍加改易，如改良吏为良政，隐逸为高逸，恩幸为幸臣，索虏为魏虏，如此而已，少有创造。这也就难怪曾巩等人在校勘《宋书》、《南齐书》、《梁书》、《陈书》、《魏书》、《北齐书》和《周书》之后，说萧子显此书，在南北七史之中为"最下"。虽然如此，萧子显以当时人记当时事，闻见亲切，除了有恩怨关系的人事外，记叙也还真实可信，梁武帝作为从萧齐朝的过来人，对多种齐史经过比较后，将有些焚毁，而独将此书作为国家典籍收藏，也不能完全归因于它的政治意义，其中必定多有可取之处。特别是在众家齐史早已佚失之后，《南齐书》的价值也就更加可贵，成为后人研究萧齐二十多年历史的最主要史书。

《梁书》、《陈书》

《梁》、《陈》二书，均题唐姚思廉撰。实际上，这两部史书，是由姚察、姚思廉父子两代相传，历陈、隋、唐三朝，先后五次奉诏，用了五六十年的时间才完成的。

三、《二十四史》各史简介

姚察字伯审，吴兴武康（今浙江杭州西北）人。梁武帝中大通五年（公元五三三年）生，仕梁为尚书驾部郎、佐著作。梁亡时二十二岁，入陈官至吏部尚书。五十八岁时，陈亡入隋，为秘书丞，袭封北绛郡公。大业二年（公元六○六年）卒，享年七十四岁。姚察性聪慧，从小即励精学业，虽在离乱之间，也笃学不废。尤精研《汉书》，是著名的《汉书》专家。平生专志著书，白首不倦，所著有《汉书训纂》三十卷，《说林》十卷，《西聘道里记》一卷，《玉玺》、《建康三钟》等记各一卷和文集二十卷。姚察之子思廉，字简之，陈亡后其家自吴兴迁关中，他遂为雍州万年（今陕西西安）人。在陈为扬州主簿，仕隋为汉王府参军。入唐后更因其藩邸旧臣，深受礼遇，历官文学馆学士、太子洗马、著作郎、弘文馆学士，是著名的十八学士之一。太宗时更拜散骑常侍，赐爵丰城县男。贞观十一年（公元六三七年）卒，享年八十岁。思廉为人勤学寡欲，从小就随父亲研习《汉书》，是一位积学之士。

早在陈初武帝之世，姚察就以佐著作和佐史的身份，两度参与国史的修纂，其中所撰诸表，为领导著作的徐陵自认为不及。后又被命撰著梁史，虽官职屡屡变更，"知撰史如故"。开皇九年（公元五八九年），隋文帝诏令他继续撰著梁、陈史，但未成而卒。稿本被隋文帝派虞世基索要进呈，藏在内殿。

临死之前，姚察嘱咐儿子姚思廉，要他博访撰续，完成这一事业。姚思廉遵照父亲的遗令，在父亲和继母的丧服期满之后，征得朝廷同意，在大业初就开始补续。可见父子相继，未有中绝。武德四年（公元六二一年）十一月，唐高祖以南北朝诸史"简牍未编，纪传咸阙，炎凉已积，谣俗迁讹，余烈遗风，泯焉将坠"①，诏修梁、陈、魏、齐、周、隋六朝史。姚思廉与窦琎、欧阳询分工同撰《陈史》，但数年之后，仍未就而罢。贞观三年（六二九年），唐太宗重敕修撰，鉴于魏史已有魏收和魏澹之作，所以这次只修其他五代史。早在这前一年，姚思廉即被诏撰著梁、陈史，到贞观九年（公元六三七年），迁延甚久的《梁书》、《陈书》终于写成。如果从开皇九年姚察奉诏开始修撰二史开始，则两书的撰成前后经历了四十八年。由于魏徵是全部五代史的监修，并为梁、陈二书作过几篇史论，所以也挂名同撰。实际上，"魏徵虽裁其总论，其编次笔削，皆思廉之功"②。

梁、陈二书虽成于姚思廉之手，除了他父亲的功劳外，其他人之功也不可没。梁代的历史，曾由沈约、周兴嗣、裴

---

① 《旧唐书·令狐德棻传》。
② 《旧唐书·姚思廉传》。

子野和杜之伟、顾野王和许亨等在梁、陈两代先后受命修纂。《隋书·经籍志》著录有谢吴的《梁书》四十九卷、许亨的《梁史》五十三卷、刘璠的《梁典》三十卷、何之元的《梁典》三十卷、阴僧仁的《梁撮要》三十卷、姚勖的《梁后略》十卷、萧韶的《梁太清纪》十卷、萧世怡的《淮海乱离志》四卷、姚察《梁书帝纪》七卷等多种。关于陈史的著作，则著录有陈陆琼的《陈书》四十二卷。此外，顾野王和傅绛也有陈史的著述。这些材料，都为姚氏父子直接或间接地所利用。如姚察撰梁史，就多依据何之元和刘璠的《梁典》，而有所改易，撰陈史，则删改陆琼的著作，使其由"烦而寡要，杂而不精"终至粗有条贯。姚思廉对其父所著进行了一番再加工，"又采谢吴等诸家梁史，续成父书。并推究陈事，删益傅绛、顾野王所撰旧史"[①]，撰成《梁书》五十六卷，《陈书》三十六卷。

《梁书》五十六卷，包括本纪六卷，列传五十卷，没有表、志，主要记述了萧齐五十多年的历史。全书有二十六卷的论署为"陈吏部尚书姚察曰"，这说明《梁书》近一半出自姚察之手。《陈书》的卷数在《二十四史》中最少，只有三十六卷，其中本纪六卷，列传三十卷，也没有表、志，主

---

① 《旧唐书·姚思廉传》。

要记述了陈三十多年的历史。论署为"陈吏部尚书姚察曰"的只有两卷帝纪，说明《陈书》主要是姚思廉所撰。

讳过隐恶、溢美扬善，这是南北朝诸史的一个共同特征，《梁书》和《陈书》也不例外。姚氏父子历仕三朝，并为史官，习惯了国史"有美必书，有恶必为之讳"的笔法，加上大量移植国史旧文，刊削未尽，浮词溢美，文过饰非也就是势所必然了。为了隐恶扬善，在甲传中，只是一味叙其功德，于其劣迹和过失，则不着一字；而在乙传中，则为了说明乙的刚直不阿，往往举列乙对甲的弹劾和批评；但在丙传中，又可能会说丙宽仁好善，拒绝参与乙对甲的攻击。其他如战争双方的胜败实情，某一政令带来的利弊得失，王朝更代之际的篡逼内幕，梁、陈二史也都往往做这样的处理。尤其不应该的是，姚氏父子把一己的私情带进了史书，如《陈书·姚察传》长达三千多字，详叙朝廷之优礼、名流之褒奖和姚察之逊谢，事情极其琐屑无味。又如姚察与虞荔、虞寄兄弟共事于陈，入隋姚氏父子又与虞荔之子世基、世南同仕，入唐姚思廉更与虞世南同列为十八学士，因此，《虞寄传》也就特多过分颂扬之词。

梁、陈二史最显著的优点是叙事简洁、文字爽劲。六朝之风，崇尚骈四俪六，记事议论，都爱用骈体文，此风至唐初犹不改。而姚氏父子不蹈这种恶劣的风格,用简洁的散文记述史实,深得后人称赏。姚察的文章"精采流赡",时人称为"宗匠",姚思廉则被唐太宗列为十八学士,他们用散文写史,对于改变六朝以来的颓废文风,起了一定的推动作用。《梁书》尤其如此,不仅文字功夫好,内容亦较《陈书》充实。从总体上看,《陈书》不如《梁书》,不过从编次上看,《陈书》则更为严谨和合理一些。

《魏书》

我国历史上的南北朝时期,南方是宋、齐、梁、陈四个王朝前后相承。与之相对峙的北方地区,则先是鲜卑族拓跋部所建的北魏,后来北魏又分列为东魏和西魏,不久,东魏和西魏又分别被北齐和北周所代替。《魏书》所记的,便是北魏和东魏的历史。在《二十四史》中,有多部史书是专记少数民族政权的,《魏书》便是第一部。

魏收字伯起,小字佛助,钜鹿下曲阳(今河北晋县西)人。少年时曾随父赴边,好习骑射,后折节读书,终以文华显。二十六岁时,即典起居注,并修国史,兼中书侍郎。北魏分裂后,他留在东魏,在高欢的幕府,起初未见重用,所以求修国史。由于写诏令檄文和应诏诗赋一类的文字,终于以文见知,受到高氏父子的器重。北齐建国后,他依然官运亨通,始则官拜中书令,兼著作郎、封富平县子,后又加开府,兼右仆射。武平三年(公元五七二年)死后,赠司空、尚书左仆射,谥文贞。魏收硕学大才,与温子升、邢子才齐名,世号三才,当朝皇帝高洋则认为他的才气更在温、邢之上。但他为人轻薄好色,恃才傲物,往往出言不逊,当时人多称其才,而鄙其行。

魏收虽期冀脱颖见知,汲汲于仕进,但他更专心史书的撰著。从二十六岁时起即参与国史的修撰,到官位做到中书令,一直保持着兼修国史的职务。初事高欢,不为重用,沮丧不得志之际,他要求修国史;天保时为魏尹,官高禄厚,他还是"专在史阁,不知郡事"①。北齐皇帝高洋让众臣子说自己的志向,魏收说:我希望能够直笔东观,使《魏书》早日成书。崔暹曾对高欢之子高澄说:国史事关重大,你家父子的霸王功业,都需要记载下来,而秉笔之人,非魏收不可。高欢对权臣司马子如说:"魏收为史官,书吾等善恶。"又对魏收说:

---

① 《北齐书·魏收传》。

三、《二十四史》各史简介

"我后世身名在卿手，勿谓我不知！"①这说明魏收撰著魏史，在当时是众望所归。魏收那句众所周知的狂妄之言，所谓"何物小子，敢共魏收作色！举之则使上天，按之当使入地"②。也反映出他本人正是以传述时事、臧否人物自命的。

魏收虽在北魏和东魏时便与修国史，但正式撰著《魏书》，则是在进入北齐之后。在他表白自己的愿望，希望能早日修成魏史的志向后，天保二年（公元五五一年），高洋便正式下诏让他编写。这次实质上是以魏收为主的官修，因为平原王高隆之挂着监修之名，协助修史的则有房延祐、辛元植、睦仲让、刁柔、裴昂之、高孝干诸人。监修平原王，只是署名而已，并不实际参与其事。至于修史诸人，都是魏收自己找的一些帮手。由于魏收"恐其陵逼"，所找的人要么是"并非史才"，要么就是"全不堪编辑"，而主要看他们是不是依附自己，迎合自己的观点。因而，这些人唯魏收马首是瞻，显然不会对《魏书》的修纂有任何重大的建设性意见。"其史三十五例，二十五序，九十四论，前后二表一启，皆独出于收。"③就正说明了这一点。"故《魏书》虽受命时君，

---

① 《北齐书·魏收传》。
② 同上。
③ 《北史·魏收传》。

85

且有多人为助,开唐初设局修史之先声。然收撰此书,实未多假众手,与唐以后设局纂修之史不同,实与私撰无异。"④天保五年,一代大典终于勒成。魏收先是在这年三月呈进了十二纪和九十二列传,凡一百一十卷,接着又在同年十一月奏上了十志二十卷。

在《魏书》的十二篇本纪中,第一篇为序记,记述了北魏建国之前的祖先,凡二十八帝。由于没有什么事可记,其中十人仅书立、崩二字,一般都认为它是多余的蛇足。魏收在北魏分裂之后,留在东魏,所以他以东魏为正统,不记西魏。《魏书》的列传,最典型的是家传色彩。它往往在一卷之中,父子兄弟子孙,连类叙述,如《李顺传》附载有五十九人,《穆崇传》附载多达六十六人。其中一些只列官阀,没有什么事迹,有的甚至连官阀也没有。这种做法,当时人就觉得不妥,如杨愔虽对魏收说此书是不刊之书,可以传之万古,"但恨论及诸家枝叶亲姻,过为繁碎,与旧史体例不同耳"。魏收则回答说:"往因中原丧乱,人士谱牒遗逸略尽,是以具书其枝派。"⑤人们一向因此指斥《魏书》过于繁冗,实际上,

---

④ 《廿五史论纲》第一一三页。
⑤ 《北史·魏收传》。

有弊未必无利。至于《魏书》的类传，没有什么新的创造，不过是改孝行为孝感、忠义为节义、隐逸为隐士、宦者为阉官、名异实同而已。将南朝各帝，一律斥为岛夷，则是对沈约《宋书》称北朝为索虏的回报。

北朝三史，只有《魏书》有志。魏收以河沟往时之切、艺文前志可寻，所以没写《沟洫志》和《艺文志》。而又因释老当今之重、官氏魏氏之急，所以新创了《释老志》和《官氏志》。前者记佛、道二教，而以佛教为主，是关于二教较早而有系统的记载。后者在记职官之外，又记鲜卑族原有和改定的姓氏，至关重要。南北朝诸史，只有《宋书》、《南齐书》和《魏书》有志，但沈约、萧子显都不作《食货志》，只有魏收注意及此，其中所记北魏均田制，史料价值极高。

《魏书》成书后，在当时引起了一场极大的风波。由于魏收借史酬恩报怨，如有恩于魏收的阳休之和协助他修史诸人的宗族姻戚，多被收录，并饰以美言，至于那些与他有夙怨的人的先辈，则多没其善。这就给了一些不满意的人以口实，人们纷纷投诉，前后有一百多人。有的说他的先人的官职被遗漏了，有的说他的父祖根本就没有见于记载，还有的则说魏收的评论不公。范阳卢斐甚至当着皇帝和魏收的面说："臣父仕魏，位至仪同，功业显著，名闻天下，与收无亲，遂不立传。

博陵崔绰，位至本郡功曹，更无事迹，是收外亲，乃为传首。"①以具体的事例说明了魏收的偏袒有私，魏收无言以对。在众口沸腾之下，文宣帝高洋无奈只好下令魏史暂勿施行，并让"群官博议，听有家事者入署，不实者陈牒。于是众口喧然，号为'秽史'。投牒者相次，收无以抗之。"②但由于当时势倾朝野的左、右仆射杨愔和高德正二人与魏收亲善，魏收也为他们的先人作了传，所以他们不想说魏史不实，并"抑塞诉辞"，终于把这股谤风压了下去。

文宣帝高洋死后，孝昭帝高演即位，鉴于魏史尚未施行，诏令魏收"更加研审"。魏收做了一些修改，高演随即诏令颁行。魏收认为只将书稿收藏在秘阁，外人看不到，所以让送了一部到并省，又送了一部到邺下，任人抄写。武成帝高湛时，又因为很多人认为魏史不实，再次让魏收修改。魏收又做了一些修改，如为卢同作传，而以崔绰附传，在杨愔家传中加了"有魏以来，一门而已"之类。但一些人并不为此满足，在北齐亡国后，有人甚至挖了魏收的墓冢，将他的尸骨丢弃于外。隋开皇时，文帝杨坚为矫正魏收的过失，令魏收的族弟、著作郎魏

---

① 《北齐书·魏收传》。
② 同上。

三、《二十四史》各史简介

澹与颜之推、辛德源重新撰著《魏书》，最后写成了九十二篇。魏澹之书与魏收之书最大的不同，是后者以东魏为正统，而前者则是以西魏为正统。隋炀帝时，以魏澹之书仍不满意，所以命左仆射杨素另行撰写，而让潘徽、褚亮、欧阳询等人协助，直到杨素死时，仍未写成。唐高祖武德时，诏陈叔达等十七人分撰六代史，魏史也在其中。唐太宗时，才因为魏史已有魏收和魏澹的著作，便罢修《魏书》，只撰五代史。但民间改作的企图依然在继续，魏澹的孙子魏克已续作了十志十五卷，补足了他祖先的缺略。此外，张太素著有《后魏书》一百卷，裴安时著有《元魏书》三十卷，但当时就没有传布开来。论及魏史，仍以魏收之书为主，终至被列为正史。

围绕《魏书》的这场风波所以会发生，原因是多方面的。对于毁谤者来说，由于他们生活在注重门阀的时代，他们已死去的先人的荣宠直接关系到他们现实的利益，所以他们才对自己的家世、对祖先的功业和职位，如此敏感，如此关心。那些投牒人的意见，也集中地反映在这方面。对于魏收来说，一则由于他过于恃才傲物，太多出言不逊，特别是他有意无意地一再表示要借修史来酬恩报怨，这就引起了一些人的不满。再则，《魏书》也确实存在着抑扬失当、毁誉任情的问题，刘知几曾说："收谄齐氏，于魏室多不平。既党北朝，又厚诬江左。性憎胜己，喜念旧恶，甲门盛德与之有怨者，莫不被以丑言，没其善事。迁怒所及，毁及高曾。"① 揆诸实情，这话是有一定根据的。

在北宋之前，史书还不曾镂板，在传抄过程中，难免会有脱误。而《魏书》"言词质俚，取舍失衷，其文不直，其事不核，终篇累卷，皆官爵州郡名号，杂以冗委琐曲之事，览之厌而遗忘，学者陋而不习。故数百年间，其书亡逸不完者，无虑三十卷"②。由于传习的人少，残缺的也就更加严重。宋仁宗时校勘南北朝各史，《魏书》由刘攽、刘恕、安焘和范祖禹四人校定，缺者有二十九卷，当时即以李延寿的《北史》、高峻的《高氏小史》以及魏澹和张太素等书的有关篇卷补入。后来传世的各种刻本都是在这一基础上形成的，所以现今流传的《魏书》，已非魏收所著原本。

《北齐书》

《北齐书》又是一部父子相继写成的史书。它由李德林

---

① 《史通·古今正史》。
② 《旧本魏书目录叙》。

三、《二十四史》各史简介

始事，最后由李百药写成。

李德林字公辅，博陵安平（今河北深县）人。历经北齐、北周和隋三朝，在北齐时官至中书侍郎，参与国史修撰。周武帝平齐后，曾派人到家中对他说："平齐之利，唯在于尔"，被封为成安县男。仕隋官至内史令，任内又奉诏续修齐史，全书未成而卒。李百药字重规，因年幼时多疾病，所以以百药为名。隋开皇时，为东观通事舍人，兼学士，并袭父爵位。杨广即位后，"恶其初不附己"，被夺爵贬官。仕唐被封为安平县子，历官中书舍人、礼部侍郎、太子右庶子、散骑常侍等。贞观二十二年（公元六四八年）卒，享年八十四岁。

李百药修《北齐书》始于唐贞观三年，和《梁书》、《陈书》、《周书》、《隋书》的修撰一起进行，是唐代官修的《五代史》之一。李百药以他父亲的未成稿为依据，并杂采他书，最后写成了记载北齐和东魏约五十年历史的《北齐书》。

李德林、李百药父子生长于北齐，许多史实耳闻目见，修史有便利的条件。李德林在当时预修国史，即成书二十七卷，随后在隋奉诏续撰，又增写到三十八篇，并上送朝廷，藏在秘府。此外，北齐崔子发的《齐纪》三十卷、隋杜台卿的《齐记》二十卷、王劭的《齐志》二十卷和《齐书》一百卷，姚最的《北齐记》二十卷以及祖孝征专述高欢起居注的《献武起居注》、陆元规专记高洋行师征战的《皇帝实录》等，也都多为李氏父子所取材。特别是王劭的著作，不仅篇帙繁富，二体具备，而且直笔无隐，长于叙事，并多用口语，备受刘知几称道，对《北齐书》的成书贡献最大。

《北齐书》包括帝纪八卷、列传四十二卷。帝纪在建立北齐的文宣帝高洋前，先列神武帝高欢，次叙文襄帝高澄，这就实际上记述了东魏的历史。但全书所记，还是以北齐为主。由于"北齐立国本浅，文宣以后，纲纪废弛，兵事俶扰。既不及后魏之整饬疆圉，复不及后周之修明法制。其倚任为国者，亦鲜始终贞亮之士，均无奇功伟节，资史笔之发挥"[1]。时势的平淡限制了史书的内容，使《北齐书》没有什么创造，诸列传例目一仍前史。

《北齐书》成书后，与《梁书》、《陈书》、《周书》、《隋书》编在一起，合称《五代史》。由于篇幅较大，传抄不易，所以流传未广。加上李延寿删繁取要，编成《南史》、《北史》后，人们喜其简约，便废各史不观，以至多有残缺。由于《北齐书》在北宋末年才有刻本，所以残缺尤甚。据清代学者钱大昕的考证，今本只有十八篇（卷）是李氏父子的原文，其

---

[1] 《四库全书总目》卷四五。

他各卷都是后人采李延寿《北史》和高峻《高氏小史》的有关部分所补。唐长孺在点校此书时,更进一步指出其中的卷五十《恩幸传》也非原文,所以现存的原文实际上只有十七卷,仅是原著的三分之一。因此之故,《北齐书》的体例混乱也颇为严重。

《周书》

《周书》的作者令狐德棻,是唐初有作为有影响的历史学家。他一生勤于史学,著述甚丰,"国家凡有修撰,无不参预"[1]。他参与编修的著作有《艺文类聚》、《氏族志》、《新礼》、《太宗实录》、《高宗实录》和《唐律令》等。不仅如此,唐初设馆撰修五代史,就是令狐德棻的创议,后来修《五代史志》,他更是监修。唐修《晋书》,他也参与其事,并且"当时同修十八人,并推德棻为首,其体制多取决焉"[2]。即使李延寿的《南史》和《北史》,他也曾为之改正乖失。唐初史学,几乎没有一件事与他无关。虽说他多次被贬职免

---

[1] 《旧唐书·令狐德棻传》。
[2] 同上。

官，仕途多舛，但因著述有成就，终于官为礼部侍郎，兼弘文馆学士，寻迁太常卿，后又迁国子祭酒，兼授崇贤馆学士，并进爵为公。

唐建国不久，令狐德棻即以一个历史学家的明敏意识到：近代各王朝，都没以正史加以记载。至于有关的史料，则已有程度不同的遗阙。现在的人耳闻目见，修史还能有所凭借，如果再过十多年，则史实就会湮没。因此，他在武德五年（公元六二二年）建议设馆编修各史。唐高祖既许其请，又令萧瑀、王敬业、殷闻礼修魏史，陈叔达、令狐德棻、庾俭修周史，封德彝、颜师古修隋史，崔善为、孔绍安、萧德言修梁史，裴矩、祖孝孙、魏徵修齐史，窦琎、欧阳询、姚思廉修陈史，但"历数年，竟不能就而罢"。贞观三年（公元六二九年），唐太宗旧事重提，不过考虑到魏史已有魏收和魏澹两家，所以不再修，只修其他五代史。各史修撰人员也做了变更和调整。周史的撰修人员依然是令狐德棻，另外还有岑文本。可能是令狐德棻还要"总知类会"其他各史，精力顾不过来，所以他一度请崔仁师也参加周史的编修。但始终其事者，则是令狐德棻一人，所以赵翼说"《周书》乃其一手所成"。到贞观十年（公元六三六年），《周书》和其他几部书一道修毕。

《周书》的史料来源，颇为缺乏。虽唐初去周不远，许

三、《二十四史》各史简介

多人都是过来人,见闻真切,但文献不足征。令狐德棻等人所能依据的较为完整的周史,只有周史官柳虬所修的起居注和隋开皇时秘书监牛弘追撰的《周纪》十八卷。而且这些著作,也仅仅是略叙纪纲,相互多有抵牾,所以《周书》的修纂是在史料极端缺乏的条件下进行的,比其他各史难度更大一些。令狐德棻尽量利用了唐初为修史所征集的家状一类的文献,但主要凭借的还是柳虬和牛弘的著述。所以刘知几批评说:"令狐不能别求他书,用广异闻,惟凭本书,重加润色,遂使周氏一代之史,多非实录。"[①]

《周书》凡五十卷,其中帝纪八卷,列传四十二卷。全书虽以《周书》为名,所记实不限于北周二十四年的历史,而包括了从北魏分裂为东西魏到杨坚代周建隋,其间西魏、北周四十八年的历史。有着较为宽广的历史视界,这是《周书》的一大特色。它不仅在北周之外,记述了实际上受宇文氏宰制的西魏历史,而且兼顾了同时代的东魏、北齐和梁、陈四朝的重大史实,甚至还立《萧詧传》来反映后梁的历史。错综复杂、头绪纷繁的史实既能记载不遗,又能眉目清楚,清代赵翼对此十分称赏,他在《陔余丛考》中说:"当后周

---

① 《史通·杂说》。

时区域瓜分,列国鼎沸,北则有东魏、高齐,南则有梁、陈,迁革废兴,岁更月异。《周书》本纪——书之,使阅者一览了然。"令狐德棻这种着意反映一时历史全貌的做法,在今天看来也是极难能可贵的。此外,《周书》简劲的文笔以及对征庸代役、府兵制度的记载和最早记载突厥和稽胡的历史,也都一向被人们所称道和看重。

正如刘知几所说的,唐修《五代史》的一个共同特点是,"朝廷贵臣,必父祖有传",并且"言多爽实"。这在《周书》也不例外。比如杜杲在当时并无重要事迹,但由于他是唐初宰相杜如晦的曾伯祖,所以《周书》有他的专传,并许之以"有当世干略"。后梁的建立者萧詧,本是西魏的傀儡,北齐的附庸,但由于他是唐初另一位宰相萧瑀的祖父,所以《周书》称他有"英雄之志,霸王之略"。由于事实不足,为了照顾情面又要立传,所以《周书》也每多虚文饰词,塞篇充卷。刘知几批评它"文而不实,雅而无检,真迹甚寡,客气尤烦"[①],可谓一语道破。

与《五代史》其他各史一样,《周书》在流传过程中,也出现了残缺,其中有的是整卷散佚,有的则是部分致残。

---

① 《史通·杂说》。

但这部分仅占全书的十分之一左右,并且又经后人用《北史》和《高氏小史》补替,原书面貌,基本上得到保全。

《隋书》

在《二十四史》中,有八部书是在唐朝初年修成的。一般认为《隋书》是这八部书中修得最好的一种。

《隋书》的署名有不同的方式,有的将全书题为魏徵等撰,《隋书·经籍志》及《四库全书总目》采取的就是这种方式。有的则将纪传和志分别署名,纪传题魏徵等撰,志题长孙无忌等撰,宋天圣二年(公元一〇二四年)刊刻《隋书》,采取的就是这种方式。

唐朝甫建,令狐德棻即从保存史料、记录唐朝的创业史和以史为鉴的角度出发,在武德四年(公元六二一年)向唐高祖建议编修近代诸史。李渊从其所请,决定修撰梁、陈、魏、齐、周、隋六朝史,其中以封德彝和颜师古承担隋史部分。但历时数年,没有能成书。贞观三年(公元六二九年),以房玄龄为总监,由魏徵"总知其务",并由令狐德棻"总知类会"。各史的具体编修人员,相对于武德时期,也做了较大的变更或调整。其中《隋书》由总主编魏徵负责,参与其事的则有颜师古、孔颖达和许敬宗等人。贞观十年（公元六三六年），《隋书》的五卷帝纪、五十卷列传和其他四朝史一同完成，合称为《五代史》。

由于五代各史都没有志，贞观十五年（公元六四一年），唐太宗又诏令左仆射于志宁、太史令李淳风、著作郎韦安仁、符玺郎李延寿、著作郎敬播同修《五代史志》。初由令狐德棻监修，至唐高宗永徽三年（公元六五二年）改由长孙无忌监修。显庆六年（公元六五六年）书成，由长孙无忌领衔奏上，所以每题长孙无忌撰。此志是配合梁、陈、齐、周、隋五代史而修的，编成后，五代史已经流布开，所以此志也单行，称为《五代史志》。后来考虑到此志内容以《隋书》为主，隋又居五代之末，所以编进了《隋书》，并称之为《隋志》。

与《周书》一样，《隋书》的修撰，同样有文献不足征的缺憾。虽修史人员都曾亲历其时，但史料的缺乏，仍给修书工作带来了极大的不便。史臣们所能凭借的，只有王劭的《隋书》、牛弘的《朝仪记》等书。可贵的六十卷本的《开皇起居注》，经隋末江都之乱，已是多有散佚。虽然史臣们竭力搜访，如《旧唐书·孙思邈传》："魏徵等受诏修齐、梁、陈、周、隋五代史，恐有遗漏，屡访之。"但记事行文中，时常透露出巧妇难为无米之炊的困窘。除了以例行的公文连篇载入，敷衍成篇之外，有的直接说"史失其事"，或者说："今之存录者，不能详备。"

唐初君臣十分注重史鉴的作用，贞观初诏修五代史，重点在《隋书》，因为"鉴败莫如亡国"。总结隋的迅速败亡，以作为唐王朝的政治借鉴，是当务之急。作为五代史主编的魏徵，这一意识尤为强烈，他在《隋书》纪传各卷卷末的史论，表现出论史与论政的结合，以隋为鉴，以史资治，为求使史学成为李唐统治者治国治民的工具。正因为如此，《隋书》的作者很注意探究隋败亡的原因，对隋炀帝骄奢淫逸的腐朽生活，如大兴土木、荒淫无耻、三游江都等做了翔实的叙述。对隋末农民起义，在《炀帝纪》中也做了集中的记录。

虽然《隋书》也不免当时史书共同存在的为尊者讳的弊病，如房彦谦职卑官微，本来没有重大事迹可记，但因为他的儿子房玄龄是唐太宗的宰相，《隋书》便为他立了专传。但相对来说，它的隐讳比较少。如虞世南是唐太宗十分宠信的大臣，但《隋书》写到他哥哥虞世基的罪恶时，丝毫不加掩饰。如说他言多合炀帝之意，因此特见亲爱；又说他的后妻生性骄淫，世基为其所惑，任其奢靡，甚至说他"鬻官卖狱，贿赂公行，其门如市，金宝盈积"。所以如此，这是《隋书》的使命所决定的。魏徵既然要以史为鉴，就不能虚构历史，而必须忠实历史,做到不虚美,不隐恶。

《隋书》最为人称道的,还是它的志。轻易不称许人的郑樵,认为"《隋志》极有伦类,而本末兼明,惟《晋志》可以无憾,迁、固以来皆不及也"[①]。他还进一步分析了造成这种优势的原因:《隋志》所以能包该五代,使纷然淆乱的南北朝典章制度贯穿条理,一目了然,是由于当时区处分工、各委专才所致。如颜师古、孔颖达诸人通古今而不精天文地理,便以纪传相托付;而志则分属于志宁、李淳风之辈,这就使《隋志》的修撰有了学术上的保证。《隋志》包括礼仪、音乐、律历、天文、五行、食货、刑法、百官、地理和经籍十志,多达三十卷。它不仅叙述隋朝的典章制度,而且概括了梁、陈、齐、周的政治、经济和文化情况,有的还远溯汉魏。如《天文志》和《律历志》记载了魏晋以降的天文学成就,以至与《晋书》之志复见,足见其详备。《刑法志》增《宋书》之志所无,补萧齐之书所遗,一贯下来,以至于隋。《地理志》以州郡为经,以历代建制沿革兴废为纬,并及户口。《食货志》约举始终,记历朝税制钱币,史料价值极为重要。尤其是《经籍志》,它不仅记述了我国汉隋六百年间书籍的存亡和学术

---

① 《通志·艺文略》。

的演变，实现了我国学术文化继《汉书·艺文志》之后的又一次总结，而且发扬光大了四部分类法，确立了它此后千余年间沿用不替的地位。

《南史》、《北史》

中国正史的修撰，在唐前每多父死子继、子承父志。司马谈、司马迁修《史记》是如此，班彪、班固修《汉书》是如此，姚察、姚思廉修《梁书》和《陈书》也是如此，李德林、李百药修《北齐书》依然是如此，至于李大师、李延寿修《南史》和《北史》还是如此。修史的艰难不易，史家的毅力和恒心，于此可见一斑。

李大师字君威，本陇西著姓，世居相州（今河南安阳）。仕隋为州郡僚佐，在窦建德领导的农民起义军中，曾任尚书礼部侍郎。后来窦建德为唐所败，李大师被流放，唐武德九年（公元六二六年），才遇赦回到长安。尚书右仆射封德彝、中书令房玄龄劝他留下来，他答以仰慕尧时许由隐居不仕之义，毅然还乡。李大师在政治上不免迂腐，没有什么作为，但他好学深思，有极为明敏的历史意识。在隋结束了南北朝分裂对峙的历史之后，他"常以宋、齐、梁、陈、魏、齐、周、隋，南北分隔，南书谓北为'索虏'，北书指南为'岛夷'。又各以其本国周悉，书别国并不能备，亦往往失实，常欲改正。将拟《吴越春秋》，编年以备南北"[1]。希图以一己之力，打通南北，贯穿八代，写就一部编年体的南北朝史书，以适应统一时代的需要。但由于唐修《五代史》尚未成书，李大师除于宋、齐、梁、魏之史尚能有所凭借之外，"自余竟无所得"。条件的限制使他没有能实现自己的志向，未竟的事业有待他的儿子李延寿去完成。

李延寿字遐龄，是李大师的第四个儿子。仕唐以修史终生。贞观初，就与敬播作为颜师古、孔颖达的助手，参与《隋书》的修撰。后唐修《晋书》，他又应令狐德棻之请参与其事。贞观末诏修《隋书》十志，也"敕召延寿撰录"。他所撰的《太宗政典》，深得唐高宗称赞。不过，他在史学上最大的成就，还是遵照父亲的遗志，写成了《南史》和《北史》。

与他的父亲比起来，李延寿的著作条件好多了。他三入史馆，"屡叨史局"，参加了《五代史》的工作。由于他志在撰述，所以常在编修之暇，遍加披寻，对于新近修成但尚未布出的五代史，他也能近水楼台，昼夜抄录，充分利用现

---

[1] 《北史·序传》。

有的成果。以十六年之力，最后在显庆四年（公元六五九年），完成了《南史》和《北史》两部史书的修撰。在大功告成之后，李延寿曾将南北史先后送给令狐德棻。令狐德棻为之阅读始末，改正乖失，所以南北史也有他的一份功劳。

《南史》包括本纪十卷、列传七十卷，上起宋元初元年（公元四二〇年），下迄陈祯明三年（公元五八九年），记南朝宋、齐、梁、陈四代一百七十年史事。《北史》包括本纪十二卷，列传八十八卷，上起北魏登国元年（公元三八六年），下迄隋义宁二年（公元六一八年），记北朝北魏、西魏、东魏、北周和北齐和隋六代二百三十三年史事。

南北二史，是在《宋书》、《南齐书》、《梁书》、《陈书》和《魏书》、《北齐书》、《周书》、《隋史》八部史书的基础上写成的。本来，李延寿的父亲原打算采用编年体的。但所依据的史书，都是纪传体，具体改编起来难度较大。所以李延寿在体例这一问题上，并没有机械地"追终先志"，而是改依司马迁体，写成了纪传体史书。李延寿改编八书为南北二史，主要有四种方法：

一是联缀。八书人物列传各有断限，南北史则打破朝代的界限，将祖孙父子有传者集合在一起，如同家传。当时政权更迭，国祚不永，加上高门秉政，历朝如故。这种联缀的方法，将一家人集于一传，始末详具，便于观览。但强为牵连，跨越朝代，"《南史》以王、谢分支，《北史》亦以崔、卢系派，故家世族，一例连书。览其姓名，则同为父子，稽其朝代，则各有君臣，参错混淆，殆难辨别"①。至于将八书类传的同类人物，仅仅联贯编次，也失于偏枯。如《宋书》，没有《文苑传》，以至于《南史·文苑传》中就没有宋代人物，不能不说是一大缺憾。

二是迁移。也就是八书放在此处的材料，南北史迁移放到彼处。其中主要是将一些类传拆散，将它所传的人物分隶到各自亲属的传记中。反之，南北史如果设一类传，则将八书中有关的人物分离出来，归诸类传之下。如《梁书》有《止足传》，传记顾宪之、萧眎素和陶季直三人，《南史》将其中的前两人迁附于其祖父的传记，而将后一人移于《孝义传》中。南北史如此这般地分合离并，割裁搭配，目的有两个：一是要变易旧貌，给人一种全新的印象，不至于被认为是徒事抄袭。二是要使全书爽洁，体例划一，而材料又不至于遗漏。

三是删削。八书各自为书，记事互有重复，又多载诏诰表章，颇为繁冗，所以总卷数有五百五十一卷之多。南北史

---

① 《四库全书总目》卷四六。

三、《二十四史》各史简介

删削成一百八十卷,就卷数而论,只是原书的三分之一。李延寿改造八书为二史,删削是其中重要的一项工作,其中对《宋书》、《南齐书》和《魏书》删削最多。李延寿在上南北史表中,曾把这项工作概括为"除其冗长,摭其精华"。他所谓的"冗长",一般是指本纪中的诏书和册文,列传中的奏议和文章。由于南北史的主要工作是删削,所以,对南北史的评价,也主要是针对这一问题。如《新唐书》本传称南北史远胜八书,就是因为它删落酿辞,颇有条理。但清代王鸣盛却认为李延寿删落不当而欠妥者,十有七八,所以对李延寿之书,他开口便骂,以至于认为如此编书,只是无理取闹而已。平情而论,像九锡之文、禅位之诏、告天之词一类的虚言芜词,留之无益,的确当删。关乎史事的诏令册文、文章奏疏,作者为了叙事简洁、阅读方便,删削掉也未尝不可,并没有违背,相反更切合史例,我们不能以今天的史料标准来过于苛责。至于删削过甚,以至文义不明,甚至史实致误,那则是李延寿难辞其咎的。

四是增益。李延寿撰著南北史,并不是单纯地联缀删削、更换改易,而且增加了许多新的材料。南北史的可贵,特别在于作者在"八代正史之外,更摭杂史于正史所无者一千余卷,

105

皆以编入"[①]。一般认为,《南史》于《南齐书》,《北史》于《北齐书》增益得较多。值得一提的是,《北史》于北魏及东、西魏史,虽以魏收之书为主,但也兼采魏澹之书,并以西魏为正统,这就极大地弥补了《魏书》的不足。至于新增专传,或在原有传的基础上补充史料,以至新增补的部分超出原有文字的好几倍,如此之类亦复不少。但李延寿为"广异闻",不加选择地收录了一些故事性较强的"小说短书",因此也新增了大量的鬼神故事、谣言谶语和戏谑笑料,这些非历史的述异之笔便冲淡了史实。

南北史汇合八书为二史,删削剪裁,条理清楚,文辞简洁,虽不能一概地说远胜本书,但至少大大减少了南北正史那种烦冗芜秽之辞。不仅阅读便利,而且传抄容易,所以成书后,颇受欢迎。八书的大量残缺,显然与二史的广为传布有关,以至于后人反而要用二史来补八书之缺。再者,南北史成书在唐初,去八代相对已远,时间的利斧已将各种恩怨斩断,所以能避免八书的作者因利害和恩怨关系,一味地称美扬善,文过饰非,或借修史以酬恩报怨。在朝代的更代革易上,在与八书作者有关系的人物中,南北史的记载更少忌讳,更少饰美,相对地更

[①]《北史·序传》。

可信一些。

有一种意见认为，李延寿志在贯串八书，但只修本纪列传，而没有志，以至于使南北朝的典章制度，没有系统的记载，实为一大缺憾。其实，张舜徽的一段话，足以纠正这种意见之偏，"今人每苦读《南北史》时，无志可稽，其实，《隋书》十志，可以补《南北史》之不足。赵翼《陔余丛考》卷九，以为隋志应移放《南北史》之后，以成完书，最为有识。隋志可以补《南北史》之缺，犹之《宋书》诸志，可以补《三国志》之缺。学者不可因为书的标题为断代史体，而忽略了志的作用"[①]。所以，南北史无志，并不存在着任何缺憾。并且，唐修《五代史志》或《隋志》，李延寿是参与其事的。他是在这同时编修南北史的，因而完全没有必要再修南北史志。南北史的问题在于，它没有完全贯彻李大师的写作宗旨，把南北朝八代当作一个完整的历史时期来看待，而是分成二书，自成体系。因而于南朝和北朝相互关联之事，往往各据原书机械地编录，以至于张冠李戴，不伦不类。如著名的冼夫人，世为南越首领，历梁陈二代，后卒于隋文帝时，显然应入《南史》，但由于她的原传在《隋书·列女传》中，李延寿便把

---

① 《中国历史要籍介绍》第一〇九——一一〇页，湖北人民出版社一九五五年版。

她收入了《北史》。再者，南北史虽经十六年而始成，但矛盾抵牾，重复互见，也往往不免。如刘昶、萧宝寅、萧综、萧祇、萧泰、毛修之、薛安都等，《南史》和《北史》都有传。可见书虽出自一手，也不能尽如人意。

明末清初人李清，以八书注二史，写成了《南北史合注》一百九十一卷，史称其参订异同，考正精审，在当时与顾祖禹的《读史方舆纪要》和吴任臣的《十国春秋》，并称三大奇书。《四库全书》原已著录，后因发现李清的《诸史同异录》有"违碍"处，此书因而也连带被撤销，由于书存宫内，外间遂无传本。

《旧唐书》

自唐开设馆修史的先例，此后历代沿用不替。五代这个极端混乱的时代，贫弱的王朝也都力图编修盛唐二百九十年的历史，并最终在后晋时完成了这项工程。五代修唐史这件事，为后世历朝修前代史，起了榜样的作用。

早在后梁末帝龙德元年（公元九二一年），史馆就奏请征集家传资料，为修撰唐史做准备。后唐明宗天成元年（公元九二六年），以庾传美为三州搜访图籍使，前往成都征求

三、《二十四史》各史简介

唐朝实录，最后得九朝实录而归。长兴二年（公元九三一年），崔棁又奏请搜访唐宣宗以来的野史，以备编修唐史。可见后梁、后唐为修唐史，已做了一定的努力。

在资料准备工作大体就绪之后，后晋天福二年（公元九四一年）二月，即位不久的石敬瑭便下诏编修唐史。参加修撰的有户部侍郎张昭远、起居郎贾纬、秘书监赵熙、吏部郎中郑受益、左司员外郎李为先等人，后来又有刑部员外郎吕琦、侍御史尹拙参与其事。在上述修撰诸人中，张昭远于本纪用力最勤，会昌以后诸传多出自贾纬之手，赵熙每多删削润笔之功。《旧唐书》的修撰，以这三人的功劳最大。监修宰相，先是赵莹，他甄选更换修史人员，奏请购求公私史料，统筹全局，综理周密，所以《旧五代史》本传称唐史的修成，"莹首有力焉"。至于诸本均题刘昫，则是由于开运二年（公元九四五年）六月《旧唐书》书成时，赵莹已出任晋昌军节度使，刘昫继任宰相，所以由他领衔奏上。实际上，他不仅没有执笔撰写，而且不曾监修综理。《五代史》本传没有记载他监修《旧唐书》一事，是符合实情的。《四库全书总目》以《五代史记》刘昫本传不载此事是由于漏略，其实不然。

《旧唐书》的卷数，历来说法不一，有的说是二百卷，也有的说是二百一十四卷，还有的说是二百四十卷。现在通行的中华书局点校本为二百卷，包括本纪二十卷，志三十卷，列传一百五十卷，其中有十二卷分为上、下卷，《文苑传》更是分为上、中、下三卷，实际上是二百一十四卷。

正史的修纂经过长时期的摸索，特别是唐初大规模修史的实践和后来刘知几的理论评价，到五代已形成了一套相对固定的体例。加上五代的史官，并没有特别颖异之士，所以《旧唐书》在体例上毫无创新。志和列传中的类传的变换创设，往往是著者一展才华、别出心裁的最好场所。《旧唐书》在这方面依然是在例目上依傍前史，在内容上主要利用现存材料，表现出不追求新异的平实作风。

《旧唐书》的修纂，所依据的史料主要是唐代所修的实录和国史。前代记载帝王行事的，只有起居注，唐代虽仍颇重视起居注，但更重实录。每位皇帝死后，继嗣的皇帝都要敕令史臣撰修实录。所以唐武宗以上十五朝，都有实录，只有宣宗以后的五朝，世事多变，实录没有能修成。唐代又在实录基础上修有国史。与实录采用编年体不同，国史有本纪，有列传，与正史体例相类似。唐代国史的修纂，大都是由当时著名的史学家担任。如唐修国史，是出自令狐德棻的创议，武德、贞观两朝的国史八十卷，就是由他和长孙无忌所修。随后，吴兢又草修了武后和睿宗两朝的实录，都是六十五卷。

玄宗时，韦述主撰国史一百一十二卷，还有《史例》一卷。唐肃宗时，令柳芳与韦述缀集吴兢所修国史，韦述死后，柳芳一人独立完成，记事起于高祖，迄于乾元，凡一百三十篇。此外，唐代还有很多关于当时历史的著作，如吴兢著有《唐史》八十卷，柳芳著有《唐历》四十篇，崔龟从、韦涣、李荀、张彦远及蒋偕等人则奉宣宗之命，著成了《续唐历》三十卷。这一切都说明，唐代的史学遗产是十分丰富的。

唐代丰富的史学遗产，由于安史之乱和唐末战乱的破坏，损失极为惨重，以至于"向时遗籍，尺简无存"。不过，肃宗时韦述所编修的国史，还是被保存下来，并为后晋修唐史时所利用。后唐时庾美传在成都，曾访求得唐九朝实录，这批史料也能为后晋史臣所凭借。唐武宗之后的宣、懿、僖、昭、哀五朝，虽没有实录可据，但张昭远和贾纬等人在丧乱之际旁收博采，编出了《唐年补录》、《唐末三朝闻见录》诸书，使史实略有所补。后晋为保证史书的水平，曾下诏京师诸道和各地臣僚，凡进献有关唐后期诸帝实录的，量其才能，不拘资地，一律授予官职。同时，自会昌以后六十年来有关奏章、传记和日历等史料，均奖励诣阙进献。特别是后晋修史时去唐不远，"耳目相接，尚可寻求"。所以后晋修史，资料并不缺乏。

《旧唐书》是大量抄录和移植唐代实录和国史而成的。赵翼《廿二史札记》卷十六"旧唐书前半全用实录国史旧本"和《陔余丛考》卷十"旧唐书多用旧史原文"很多的例证说明了这一点。志中称唐为"皇朝"、"我朝"、"今管"、"今领县",纪传中有"我开元"、"史臣韩愈曰"、"史臣蒋系曰"、"史臣韦述曰"以及"今上"之类的字眼,显然都是出自唐代史臣之手,而不可能是易代后的史官之词。

由于唐前后期史料的高下不一,有的是已经加工处理过的成品,有的则是原始记录。加上后晋史臣大量抄录移植,没有下整齐一律的功夫,这就使得《旧唐书》全书轻重失调,前后极不平衡。正如四库馆臣所指出的那样,"大抵长庆以前,本纪惟书大事,简而有体;列传叙述详明,赡而不秽,颇能存班、范之旧法。长庆以后,本纪则诗话书序、婚状狱词,委悉具书,语多支蔓;列传则多叙官资,曾无事实,或但载宠遇,不具首尾"[①]。前半部虽不能称之为失于简略,后半部则的确过于繁冗。

《旧唐书》大量抄录实录国史旧文所带来的另一问题是回护之笔。实录和国史都修于当时,不能不有所回护。如穆

---

① 《四库全书总目》卷四六。

宗以下诸帝，实际上都是宦官所立，但帝纪之内，都有即将要死去的皇帝的遗诏，并在其中指定继承人，而在新皇帝的帝纪中，只书某月某日柩前即位。似乎一切都是先皇帝临终前的安排，与宦官毫无关系。至于《李辅国传》不记代宗派人深夜行刺，而说有强盗夜入其家杀死；《鱼朝恩传》不说是皇帝派人活捉了他并把他处死，而说他自己上吊而死，这些都是由于当时朝旨以此二人是盗杀及自缢，所以国史便如此记录。《旧唐书》全用旧史原文，不加刊正，这样便存在着大量的回护之笔，甚至与事实全然相反。

《旧唐书》成于众手，加上修撰时间短促，从发凡起例到定稿上奏朝廷只有短短的四年时间，缺乏认真的校核，重复严重。如《杨朝晟传》既见于卷一百二十二，又见于卷一百四十四。《王求礼传》既见于卷一百○一，又见于卷一百八十七下。丘神勣于卷一百八十六上已有传，又附见于卷五十九《丘和传》中。李善已附见于卷一百八十九上《曹宪传》，又附见于卷一百九十中《李邕传》。《酷吏传》下已有《王旭传》，而《王珪传》末又附见近二百字。张仲方已有传，而《张九龄传》末又附见二百六十余字。由此可见，《旧唐书》的编次实在过于粗率。

此书初成时，定名为《唐书》，后人为了与欧阳修和宋

113

祁的《新唐书》相区别，加一"旧"字。《旧唐书》尽管存在着不少问题，但它的修撰时期去唐不远，修撰过程中又详录旧史，少有改动，因而保存了大量的第一手资料。《旧唐书》成书的第二年，契丹即对后晋大举进攻，造成了开封及河南州县数百里内杳无人烟，公私损失巨大，史籍遭劫也自然难免。后来时事变迁，其中很多文献到欧、宋修《新唐书》时，早已无由得见，《旧唐书》的史料价值也就更加珍贵。这也正是《新唐书》出后，《旧唐书》仍流传不废的原因所在。

《新唐书》

李唐十四世、二十一主，二百九十年的历史，是我国古代社会最辉煌的历史时期之一。记载这段历史的史书，有两部官修的正史，一部是五代后晋时所修的《旧唐书》，另一部则是北宋仁宗时所修的《新唐书》。

《旧唐书》修成后约一百年，至宋仁宗时，宋代君臣以唐享国长久，近三百年，为商、周以来所未有，一代君臣事迹的始末、治乱兴衰的根由以及典章制度的精华，应该著于史书，传诸久远。但五代衰时乱世的文人，气卑力弱，言浅意陋，没有能力很好地记载这段历史。所谓"纪次无法，详略失中，文采不明，事实零落"①。使明君贤臣的丰功伟绩和昏虐贼乱的祸根罪首，不得公诸世人，传诸后来，以垂劝戒，所以有必要重加修撰。

《新唐书》是在嘉祐五年（公元一〇六〇年）六月，由监修曾公亮上表进呈的，自言历时有十七年。由此上推，则《新唐书》的编撰始于仁宗庆历四年（公元一〇四四年）。但由《宋史·宋祁传》，则知宋祁早在庆历四年之前十年，已有修唐书之事。诏欧阳修修唐书，则晚在至和元年（公元一〇五四年），参与其事只有七年的时间。以宋、欧两人先后撰修的时间合并计算，实际上不止十七年。全书的各个部分，也并不是成于一时。宋仁宗庆历四年正式诏修唐书，可能只有宋祁一人，后七年，当朝廷派人向他催稿时，他回复说到今年秋可以完成列传，至于纪、志，则要等来年春才能完成。其实，直到嘉祐三年（公元一〇五八年），宋祁才将一百五十卷的列传稿子交齐。可能是宋仁宗担心宋祁一人难以完成这件工作，或迁延日久，半途而废，所以又在至和元年令欧阳修参与修撰。范镇、王畴、宋敏求、吕夏卿、刘羲叟也一同参与其事。他们与宋祁分工负责、专修本纪和志、表。

---

① 《进唐书表》。

宋祁字子京，天圣进士，与曾为宰相的兄弟宋庠被时人称为二宋，官至工部尚书。在为地方官的近十年中，都以史稿相随，每晚宴罢盥毕，便垂帘燃烛，撰修唐书。二百二十五卷的《新唐书》，他一人便承担了其中的三分之二。欧阳修字永叔，自号醉翁，晚号六一居士，是唐宋八大家之一。曾参与过"庆历新政"。官至枢密副使，参知政事。他博学多能，尤好史学，除主修《新唐书》外，还以一人之力修成了《新五代史》，他还辑成了《集古录》一千卷，考证史传讹阙。按旧例，官修书修成奏上，只列官位最高的那一位的姓名。欧阳修在修《新唐书》诸人中官位最高，但他以宋祁于列传日久功深，不应该掩其名而夺其功，所以坚持分别具名。为了尊重作为前辈的宋祁，对宋祁的稿子也很少改动。同修诸人，也都是一代积学之士，著述甚丰。如范镇有文集及《东斋纪事》百余卷。王畴文辞严丽，为世所称。宋敏求富于藏书，搜集唐代史料甚勤，有《长安志》和《唐大诏令集》，并曾补修唐武宗以下六朝实录。吕夏卿精通谱学，长于历史，尤贯串唐事，曾撰《唐书直笔》，于修《新唐书》专任表的部分，史称最为有功。刘羲叟是著名的天文学家，司马光修《资治通鉴》也有赖其力，《新唐书》的天文、律历、五行诸志就出自他手。

三、《二十四史》各史简介

　　《新唐书》包括本纪十卷、志五十卷、表十五卷、列传一百五十卷,全书共二百二十五卷。它最大特点,主要表现在体裁形式方面。自《史记》、《汉书》创为纪传表志四位一体的体裁之后,从魏晋到五代所修各史,一般都只有纪传,有志的比较少,至于表,则均付阙如,《旧唐书》也是如此。直到《新唐书》才又设立了表,恢复了纪传志表体裁的完整性。《新唐书》设立了四表,共十五卷,如果以子卷计则为二十二卷。《宰相表》、《宗室世系表》和《宰相世系表》均有所本,只有《方镇表》是新创设的,它对唐代方镇的建置分割和移徙变更,做了提纲挈领的表述,使人开卷了然。《新唐书》创撰四表,不仅补了《旧唐书》之缺,对了解唐朝史事,颇有帮助,而且为后世正史树立了榜样,以后诸史大都有表。

　　曾公亮在《进唐书表》中,颇为得意地称相对于《旧唐书》,《新唐书》有事增文省之效。所谓的"其文省于旧",最集中反映在帝纪上。《旧唐书》有二十一帝纪,约三十万字,《新唐书》则只有十帝纪,仅九万字,不足《旧唐书》的三分之一。哀帝之纪,《旧唐书》有一万三千字,《新唐书》只有千余字。如此悬殊的差距在于,《新唐书》一意删削,尤其是尽去诏令,至于记时的春夏秋冬几个字也都删而不存,所记仅以行幸除拜为主。《新唐书》刻意为文,片面求简,毫无道理地删掉了有关具体时间、数量、官爵和姓氏的材料，造成了史事的含混不清，反不如《旧唐书》的繁冗。

"其事增于前"比较典型地体现在十三篇五十卷志上。《旧唐书》只有十一志，共三十卷。《新唐书》合并礼仪、音乐二志为《礼乐志》，改舆服为车服，职官为百官，经籍为艺文，至于历志、天文、五行、地理、食货、刑法则仍沿用旧目，新创立的则有《仪卫志》、《选举志》和《兵志》。《选举志》记载唐代科举制度，《兵志》记载唐代府兵制等军事制度，不但补了《旧唐书》之阙，而且此例目创设之后，历代承袭，沿用不替。《天文志》和《历志》的篇幅，超过了《旧唐书》的三倍。《旧唐书·经籍志》以毋煚的《古今书录》为依据，所以天宝以后的著述，全付阙如，就连文学大家李白、杜甫、韩愈、柳宗元的文集也没有收录。《新唐书·艺文志》新增了一千二百多种著作，其中文集就新增加了五百多家。《旧唐书》的《地理志》断限在天宝时，《新唐书》则延至天祐唐亡之时。《旧唐书》的《食货志》只有两卷，《新唐书》则增加到了五卷，在内容上，"新志"更是增加了俸禄、屯田、边镇、和籴四个门类，也都大大扩大了记叙的时间范围。在"旧志"所记的范围内，也增加了不少新的材料。

《旧唐书》的列传有一百五十卷，收载一千七百八十七人，

三、《二十四史》各史简介

《新唐书》的列传也是一百五十卷，传记一千八百六十二人。在这一部分，新书于旧书有增有删。据马端临的统计，新书删除了旧书的六十一传，又增加了三百三十一传，新增的史事则有二千多条。如刘晏、李泌、陆贽、李绛、高骈、高力士等传的内容都远远超过了旧传。黄巢旧传不过三千五百字，新传则有六千八百字，几乎增加了一倍。新增加的卓行、藩镇、奸臣等六个类传，也为后世保存了不少重要史料。欧阳修和宋祁都是散文名家，他们崇奉古文，反对骈体文，而唐代的诏诰表章大都是以四六文写成的，遇到这种情况，他们就大加删削。有关治道和政体，实在不忍删弃时，就节录其要，或改为散文，这样就严重损害了一部分史料的价值。新书于旧书的传记，每篇都有增删改动，大多数是后来居上，但有些刻意求简，不仅造成了史事的笼统晦涩，而且也使得传文空洞索然、毫无生气。至于因韩愈排佛之故，就将玄奘、神秀、慧能和一行等人的传记删去，也太不应该。

欧阳修和宋祁分撰唐书，并不是有计划的分工。正如吴缜《新唐书纠缪》所说："修纪、志者专以褒贬笔削自任，修传者则独以文辞华采为先，不相通知，各从所好。"以至于纪有失而传不知，传有误而纪不见。加上欧阳修迂腐地以宋祁为前辈，在最后的统稿看详时，对于宋祁的文稿，一无所易，没有做必要的改动，这就使得前后矛盾抵牾在所难免。《新唐书》成书后不久，吴缜便起而纠谬，他采用本证法，比照前后，考证异同，指出了《新唐书》包括以无为有、似实而虚、书事失实、自相违舛、年月时世互异、官爵姓名谬误、世系乡里无法、尊敬君亲不严、纪志表传不相符合、一事两见而异同不完、载述差误、事状重复、宜削而反存、当书而反阙、义例不明、前后失序、编次不当、与奇不常、事有可疑、字书未是在内的二十个类别的错误，共四百六十多条。其中不乏吹毛求疵之处，但也多切中《新唐书》的要害。

由于两《唐书》各有短长，互有优劣，存此废彼，或存彼废此，都不免偏颇。二书不容偏废，也不应并行，存这种观念的人于是便想出了一个两全其美之计，这就是兼采两家所长，再造新书。清代学者沈炳震，用十年之力，写成了《新旧唐书合钞》二百六十卷。在当时《新唐书》已列入《二十一史》，而《旧唐书》仍排斥在正史之外的形势下，他不从时尚，主要以旧书为主，而以新书分注，原旧书没有的志传，则从新书增入。这种合两书为一书的做法，给人们阅读新旧唐书带来了很大方便。清代著名学者王先谦反其道而行之，他以新书为主，附以旧书，写成了《新旧唐书合钞补注》。此书更在两《唐书》之外，博采约取，会注其下，不仅能见两唐书的得失，而且考订出两书文字和史事存在的问题。其他如清赵绍祖的《新旧唐书互证》、唐景崇的《唐书注》，也都有一定的参考价值。

《旧五代史》

在《二十四史》中，命运最为不幸的大概就是这部《旧五代史》。成书后不久，就为《新五代史》逐渐所取代，终至湮没失传。现在所见的本子，是一部辑自《永乐大典》的辑本，自然和原本有较大的距离。

《旧五代史》是北宋初年官修的一部正史。始撰于太祖开宝六年（公元九七三年）四月二十五日，次年闰十月二十日书成，只用了十九个月的时间。监修官是薛居正，同修者则有卢多逊、扈蒙、张澹、李昉、刘兼、李穆和李九龄等人。书初成时称《梁唐晋汉周书》，后来人们总括五书，称之为《五代史》。欧阳修的《五代史记》修成后，为了区别二书，便在《五代史》前加一"旧"字，而欧阳修所撰则称为《新五代史》。为了简便，人们也称《旧五代史》为"薛史"，而称《新五代史》为"欧史"。

《旧五代史》所以能在短时期内成书，主要是它有所凭借，史臣们又没有做融会贯通的功夫，只是一味抄录，所以省力省时。五代虽然是一个极度混乱的时代，但史官组织未废，各朝实录得以及时修成。五十多年的历史，就有三百六十卷实录予以记载，并多出自名家之手。如张昭远、贾纬、王溥和扈蒙等人都曾参与过实录的修撰工作。尤其是张昭远，于五代历朝实录几乎都有贡献。于梁，他和尹拙有《末帝实录》十卷；后唐的三部纪年录和三部实录，都有他的手笔；于汉，他和尹拙有《隐帝实录》十五卷；于周，则独自撰有《太祖实录》三十卷。这些实录，在由五代到宋的转变过程中没有遭到人为的破坏，宋太祖时尚完好无损，所以史臣们能够得以利用。再者，范质以五代实录繁冗，节略取要，编成了《五代通录》六十五卷，更加方便了史臣们的取材。另外，修撰人员"多逮事五代"，在五代时就是史官，不仅闻见较近，而且见闻较广，这都保证了《旧五代史》的记载比较确切可信。

《旧五代史》记事，上起公元九〇七年朱温灭唐建梁，下迄公元九六〇年赵匡胤代周建宋，共五十三年的历史。全书一百五十卷，另有目录二卷。它仿效《三国志》的体例，基本上是各朝独立为书。其中《梁书》二十四卷、《唐书》五十卷、《晋书》二十四卷、《汉书》十一卷、《周书》二十二卷，各含本纪和列传。另外的杂传七卷，是用来记载

三、《二十四史》各史简介

十国历史的。其中李茂贞、马殷、钱镠等人,他们割据一方,但名义上仍向中原称臣,所以入《世袭列传》。至于杨行密、李升、王审知等人,他们独霸一方,称王称帝,不用中原正朔,所以列为《僭伪列传》。契丹、吐蕃、回鹘、高丽等《外国列传》也列在杂传中。十志十二卷,则不以朝代断限,通记五代。这样的结构体制,在《二十四史》中是比较特殊的。

在《旧五代史》的本纪和列传中,存在着颇为奇特的回护和直笔的现象。本纪由于大量收录五代实录,巨纤必书,本末赅具,多达六十一卷。实录中那种为却灾免祸,讨好皇帝,粉饰附会之笔也被一同移植了过来。如为五代统治者上台造舆论而捏造一些神异之事,说梁太祖朱温生时"所居庐舍之上,有赤气上腾",唐祖李克用生时,"虹光烛室,白气盈庭"。同时也为五代统治者遮丑饰非,如朱温为消除异己,用敬翔之计,令军士诈为叛逃,而后以追叛为名,向朱瑄、朱瑾发动进攻,但《梁书·太祖纪》则称,由于朱瑄、朱瑾以金帛引诱梁之军士,梁王不得已而发兵攻之。如此之类,赵翼在《廿二史札记·薛史书法回护处》已指出了很多。另一方面,编修者为了给新王朝提供统治的借鉴,也较为客观地揭露了五代历朝的黑暗和当权者的过失。即使对那些与薛居正等同仕前朝,其子孙又与薛居正等同官于宋的人,修史之人也能不

123

徇私情，从实直书。如赵延寿的儿子赵延赞，仕宋为庐、延二州节度使，但赵延寿传对他背晋附辽、求为辽太子之事并无隐讳。符存审的儿子符彦卿，仕宋封为魏王，而符存审传也没有隐讳他年轻时犯罪将被杀，但终因善歌得一妓所救幸免。如此直笔无隐以及事实详悉、史料真确和诸志的重大价值，都使得《旧五代史》终不可废。

《旧五代史》成书流传开之后，欧阳修由于不满意它文笔平弱和体制欠严谨，所以自撰了《新五代史》。由司马光修《资治通鉴》多取薛史，沈括、洪迈著述也都兼采，说明终北宋之世，薛史的地位并不在欧史之下。南宋以后，理学盛行，有春秋笔法之称的欧史渐受重视，而薛史遂微，虽金承安四年（公元一一九九年）南京路转运司有过一次刊印，但不久金章宗即仿效文化更高的南宋，于泰和七年（公元一二〇七年）十一月癸酉，明令"新定学令内削去薛居正《五代史》，止用欧阳修所撰"[①]。此后，元九路分刊"十七史"，明南北监两次刊刻《二十一史》，都没有薛史。但明内府藏有金刊本，所以修《永乐大典》时，得以按韵编录。只是因类书的体例，"割裂混淆"，已非旧物。

---

① 《金史·章宗纪》。

三、《二十四史》各史简介

清乾隆时开《四库全书》馆，馆臣从《永乐大典》中辑出佚书三百八十五种，其中之一就是《旧五代史》。具体主持这项工作的是清代著名史学家邵晋涵，他们"谨就《永乐大典》各韵中所引薛史，甄录条系，排纂先后，检其篇第"①，辑得了原文的十之八九。为恢复完帙，又采录宋人著述如《资治通鉴》、《太平御览》、《太平广记》、《册府元龟》、《玉海》、《容斋五笔》、《职官分纪》等征引的薛史之文，以补其阙。在这之外，还根据各种史书和宋人说部、文集以及所存的五代碑碣，详为考核，各加案语，以资辨证。四库馆臣甚至还仿裴注《三国志》之例，将补薛史之阙的陶岳的《五代史补》、王禹偁的《五代史阙文》也附见于相关的史事之后，这就大大丰富了原本的内容。

由于《旧五代史》的版本源流颇为复杂，因而也有必要论及。今辑本《旧五代史》，于乾隆四十年（公元一七七五年）编成缮写进呈，它标明原文辑录出处，补充和考证史实的注文也附在有关正文之下，部分文字考订则另附黄色粘签，一九二一年南昌熊罗宿曾据以影印。乾隆四十九年（公元一七八四年），缮写文津阁本《四库全书》和武英殿首次刊刻时，

---

① 《四库全书总目》卷四六。

虽然补充史实的注文仍附在正文之下,但关于文字、史实的考订则作为考证附于卷末。从文字到内容,都有不少改动增删,最不应该的是删去了辑文的出处。一般关于《旧五代史》的刊本和石印本,都是根据殿本翻印的。此外,乾隆时孔继涵校抄本(今仅存章钰过录本)、彭元瑞抄本和抱经楼卢氏抄本也都是较早的抄本,它们的可贵之处在于保存了辑文的出处,内容大致和熊氏影印本相同。其中孔继涵的本子是根据四库馆的辑录稿本抄写的,一些清朝的忌讳字也没有改,并保存有后来编定本删去的数十条注文。一九二五年嘉业堂刘氏刊本是以抱经楼卢氏抄本为底本,再根据殿本做了大量校补,百衲本《旧五代史》就是根据刘本影印的。现今通用的点校本是以熊氏影印本为底本,同时用殿本、刘本及其他三种抄本参校,并参照了另外一些校勘资料,是最为完善的版本。

末了,有必要谈谈《旧五代史》的原本之谜。此书由于在金承安四年南京路转运司有过一次刊刻,所以元明时虽流行不广,但流落人间之刻本,仍未全绝。清初吴任臣作《十国春秋》时,就曾向黄宗羲借过此书,但是否借到,却难以确证。王鸣盛说他"恐实未见,虚列此目",也是姑妄言之。近人歙县汪允宗实曾藏有此书,张元济《校史随笔》记其事极为详悉。但此书一九一五年在香港卖给了广东书商,张元

三、《二十四史》各史简介

济在主持辑印百衲本《二十四史》时，曾辗转追寻，终未获得。后有人知汪氏藏本，为丁乃扬所得，丁秘不示人，托言搬家时佚失。又有消息说丁藏在辛亥革命中失去，为当道某巨公所获，同样也不以示人。薛史可能仍在人间，好古之士对此书复出的希望并没有彻底幻灭。

《新五代史》

在《二十四史》中，只有《唐书》和《五代史》有新旧之分，也就是有两部正史记载同一时期的历史。而且，后出的两部新书，都与北宋文宗欧阳修有关。《新唐书》是他主持下的一部官修书，《新五代史》则是以他一己之力私撰的。自唐以后，所有的正史都是官修的，只有这部《新五代史》例外。

欧阳修何以要在薛史之外，另编一部记述五代十国历史的史书呢？当时的陈师锡在《五代史记》序中说薛史"文采不足以耀无穷，道学不足以继述作"，透露了其中的消息，也就是说原因在于"文采"和"道学"上。欧阳修为文天才自然，丰约中度，简而明，信而通，众莫能及，天下景从。用他的眼光去看薛史，自然是文词平弱，不堪诵读。而一代文宗的推许和自命，也使他感到有责任把前代的历史记载下

127

来。在欧阳修看来，五代是一个空前混乱的时代，"当此之时，臣弑其君，子弑其父，而搢绅之士安其禄而立其朝，充然无复廉耻之色者皆是"[①]。这个礼教乖违的乱世，只有春秋时期可比。孔子作《春秋》，因乱世而立法治，使乱臣贼子惧。欧阳修的目的就是要学习孔子的方法，"以治法而正乱君"，用《春秋》笔法，来描述这个乱世人鬼失序的各种现象。

欧阳修编著《新五代史》的具体起讫时间已不能详。由宝元二年（公元一〇三九年）他所作的《答李淑内翰书》，可知他在二十七岁到三十岁任馆阁校勘时，就开始了《新五代史》的编修工作，并且"收拾缀辑，粗若有成"，初稿已经写完。不过"铨次去取，须有义例，议论褒贬，此岂易当，故虽编撰甫就，而首尾颠倒，未有卷数"[②]。全书还属"长编"性质，更重要的铨次去取和议论褒贬的工作还有待做。在后来两度遭贬，离京为地方官期间，虽仍将五代史试加补辑，但因参阅文献困难，所以进展不大。直到皇祐五年（公元一〇五三年），他在给友人梅圣俞的信中，才透露出近来"闲中不曾作文字，只整顿了《五代史》，成七十四卷"，

[①] 《新五代史》卷三四。
[②] 《欧阳文忠公集·居士外集》卷一八。

全书规模已具。由于还要继续修订，所以他"不敢多令人知之"，并叮嘱友人"勿漏史成之话"。次年，他听取了曾巩的意见后，又决定"重头改换"，定稿一下子又变得"未有了期"了。所以当嘉祐五年（公元一○六○年），当范镇等人建议朝廷征取欧史"付《唐书》局缮写"的时候，他便上呈了一份"免进五代史状"。其中称此书，"全然未成次第，欲候得外任差遣，庶因公事之暇，渐次整辑成书，仍复精加考定，方敢投进"①。直到他死后，朝廷才征去了这部著作，并于熙宁十年（公元一○七七年）正式颁行天下，与薛史并行。为区别起见，这部欧阳修自命为《五代史记》的著作，被世人称为《新五代史》。

《新五代史》在编撰方法上是仿效《史记》的，甚至它的原名也沿用了"史记"这一名称。与薛史五代各自为书不同，欧史则打破了朝代断限，熔铸为一。本纪将五代诸帝连在一起，不再以列传分隔。列传四十五卷，将所记的人物分为十类。《家人传》八卷，所记为各代宗室后妃。《历代名臣传》十一卷，记忠于一朝的所谓纯臣。《死节传》一卷，所记为全节不二之士。《死事传》一卷，诸人虽降死节一等，但也多有可取。

---

① 《欧阳文忠公集·奏议集》卷一六。

《一行传》一卷，取法于《后汉书》的《独行传》。《唐六臣传》一卷，记唐末投降朱温的六位大臣。《义儿传》一卷，记李克用的八位养子。《伶官传》一卷，专记戏剧演员。《宦者传》一卷，所记仅二人。《杂传》十九卷，是指历仕各代、无类可归的人，其中以冯道为代表。欧阳修目的在于褒贬评议，所以不大注意五代典制，只作有《考》二种三卷，《司天考》即天文志，《职方考》即地理志。除了这三种体制之外，欧史又恢复了只有《史记》才用过的《世家》这一名目，以十卷的篇幅，分记十国史事。至于《十国世家年谱》一卷，则极为简略。《四夷传》三卷，是全书的附录，记契丹、吐谷浑等少数民族所建的政权。

欧史的这种体例结构，也是服从于他春秋笔法的最高目的的。如所谓的《历代名臣传》于梁尚有二十五人，于唐也有三十三人，于晋汉周，仅分别取三人、九人和三人。立国一代，只有三人为纯臣，足见五代之乱。所谓"五十三年之间，易五姓十三君，而亡国被弑者八，长者不过十余岁，甚至三四岁而亡"[1]。唐六臣记于五代史书中，显然也是讽刺。《杂传》的一百四十四人，既仕于此朝，又官于彼代，在欧

---

[1] 《欧阳文忠公集·本论》。

阳修看来显然是无耻之尤。《四夷传》不入正文，而作为附录，体现了欧阳修华夷之辨的观念。他摒弃历代正史中的《礼志》和《乐志》，就是由于他认为五代是一个斯文扫地的时代，"礼乐文章，吾无取焉"。只有大地依旧，长天永恒，这便是他只作司天、职方二考的真意所在。平情而论，欧阳修熔铸五代，错综记载，全书结构壁垒一新，未可厚非。问题在于，欧阳修要利用这种结构及名目来正名分，寓褒贬，则颇有可议之处。

欧史每发议论必用"呜呼"，多少有些装模作样，在不宜感叹之时，强为"呜呼"，令人生厌。不如取"史臣曰"或"论"、"赞"，更为平实。欧阳修学春秋笔法，搞一字褒贬，尤其显得拘泥和荒唐。如两方的争战，他一定要做"两相攻曰攻，以大加小曰伐，加有罪曰讨，天子自往曰伐"的区分。失败就失败，他要搞什么"我败曰败绩，彼败曰败亡"的名目。相互之间的离合分并，也有"以身归曰降，以地归曰附"，以及"叛者，背此而附彼，犹臣之于人也。反，自下谋上，恶逆之大者也"的不同。①这种咬文嚼字，浪费精力，不仅加重了作者的负担，而且造成了阅读的不便。

最为严重的问题还在于，欧阳修由于追求春秋笔法，搞

---

① 《梁太祖本纪》徐无党注。

所谓微言大义，也就刻意简约文词，并因此删去了许多重要的史料。如《旧五代史》的本纪原有六十一卷之多，欧史省略了其中的五分之四。仅存十二卷，使一些关系重大的史料也不存。如后周世宗反佛毁佛的措施，薛史全录该事件的诏文，多达八百多字，而欧史只剩存了十九字，要弄清事件的真相，还得反求之于薛史。这就正如王鸣盛所说的那样，欧史"意主褒贬，将事实一意删削，若非旧史复出，几嗟无征"①。特别是为了说明五代是干戈混乱之世，"礼乐崩坏，三纲五常之道绝，而先王之制度文章扫地而尽于是矣"②，他竟只作司天、职方二考，使得人们要想了解五代典章制度，只好别处另求。所以历来即使称赏欧阳修行《春秋》笔法，褒贬谨严的人，也往往从史料的角度而对欧史表示不满。

　　欧史之病，正在于学《春秋》，前人已论说得很详尽。但欧史之所以能代替薛史，大行于世，乃至造成了薛史一段时期的湮没，是与欧史增加了许多新材料，文笔又简洁可读分不开的。

　　《新五代史》的撰著虽然依本于《旧五代史》，但取材

---

① 《十七史商榷》卷九三。
② 《新五代史·晋家人传》。

又没有局限于此。薛史所凭借的五代历朝实录，欧阳修也能见到。特别是欧阳修大量参考了成书于薛史之后为薛居正等人所不见的新材料。如王溥的《五代会要》、王子融的《唐余录》、王禹偁的《五代史阙文》、陶岳的《五代史补》、孙冲的《五代纪》、王轸的《五朝春秋》、胡旦的《五代史略》、孙光宪的《北梦琐言》、刘恕的《十国纪年》、路振的《九国志》、马令的《南唐书》、徐铉的《江南录》、陈彭年的《江南别录》、钱俨的《吴越备史》等。欧史的篇幅，虽然只有薛史的一半，但取材之广，并不在薛史之下。特别是他用金石来解决疑难问题，更是薛史所不及。正因为他能博采群言，旁参互证，所以不仅补充了旧史的许多缺漏，而且订正了薛史的不少错误。此外，他据胡峤的《陷虏记》写成《四夷传》，对薛史多有补充，对十国历史的记述，多达十卷，仅就卷帙而论，就是旧史的一倍。

再者，欧阳修对旧史的删削，也有很适当之处，减少了不必要的芜杂，使得条理更加清楚。加上欧史文笔简净，叙事生动，因而更具有可读性。从书成至今，人们无不称颂欧史的文笔好，有人甚至认为可与《史记》比美。其中的一些论赞尤为出色，如《伶官传序》、《宦者传论》等，都是中国古代散文的不朽之作，乃至被收进中学语文课本。

为了使读者领会他的"微言大义",欧阳修特地请他的学生徐无党为《新五代史》作注。与众多的史注不同,徐注采用的是《公羊传》和《谷梁传》注《春秋》的方法,专门解释《新五代史》的书法,除对了解欧阳修的史学思想能有所帮助之外,别无他用。清代彭元瑞、刘凤浩撰《五代史记注》,采录《旧五代史》、《册府元龟》、《资治通鉴》并宋人所撰别史、霸史、传记等书二百多种,为欧史作注,聚集关于五代十国重要史实的文献为一书,极便学者。

《宋史》、《辽史》、《金史》

继宋金之后,一直以修前代史为务,并最后在元末风雨飘零之中,完成了《宋史》、《辽史》和《金史》三部正史的修纂,为那道历史的长城增添了新的工程。

元代议修三史,始于元世祖时期。中统二年(公元一二六一年),忽必烈即从王鹗的建议,组织人力修辽、金二史,并以左丞相耶律铸、平章政事王文统为监修。灭宋后,忽必烈又命史臣通修宋、辽、金三史。仁宗延祐年间和文宗天历年间,也两度议修。但由于朝廷内部对采用怎样的体例编写这三部史书意见不一,有人主张以《宋史》的名义,包括三个朝代之事,即以宋为本纪,而辽、金入载记;另一些人则以为,辽、金不是宋的属国,不能从属于《宋史》的名义之下,主张以辽、金为《北史》,北宋为《宋史》,南宋为《南宋史》。因为争议未决,"六十余年,岁月因循",三史迄未能成。

至正三年(公元一三四三年)三月,元顺帝再次诏修宋、辽、金三史。这次以中书右丞相脱脱为都总裁,中书平章政事铁木儿塔识、中书右丞太平(即贺惟一)、御史中丞张起岩、翰林学士欧阳玄、侍御史吕思诚、翰林侍讲学士揭傒斯为总裁。至于各史的修纂人员,《宋史》则有斡玉伦徒、泰不华、杜秉彝、宋褧、王思诚、干文传、汪泽民、张瑾、麦文贵、贡师道、李齐、余阙、刘闻、贾鲁、冯福可、赵中、陈祖仁、王仪、余贞、谭慥、张翥、吴当、危素等二十三人,《辽史》则有廉惠山海牙、王沂、徐昺、陈绎曾等四人,《金史》则有沙剌班、王理、伯颜、赵时敏、费著和高企翁等六人。脱脱提出三史各与正统、各系年号、各自为书,解决了长达八十多年的义例之争,使三史的修纂得以顺利进行。此外,他还设法解决了修撰三史所需的经费,使得三史成书有了保证。至于总裁诸人,则以欧阳玄功劳最大,他"发凡举例,俾论撰者有所据依。史官中有悻悻露才,议论不公者,玄不以口舌争,俟其呈稿,援笔窜定之,统系自正。至于论、赞、表、奏，皆玄属笔"①。甚至三史的《进书表》也都出自他的手笔。

由于《辽史》的基础最好，篇幅也最小，因而能率先成书。始修后仅十一个月，《辽史》即于至正四年三月完成。《辽史》成书后，脱脱因病辞去相位，但仍为三史的都总裁。总裁人员也有一些变动，吕思诚因出任湖广行省的参知政事，不再担任总裁，揭傒斯于七月得寒疾去世，侍御史李好文、礼部尚书王沂和崇文太监杨宗瑞相继被任命为总裁官。十一月，《金史》书成，由中书右丞相、领三史事阿鲁图上表奏进。至正五年（公元一三四五年），《宋史》也最终告成，仍由阿鲁图领衔进呈。至此，元总算遵循"国亡史作"的惯例，完成了修撰前朝史的使命。

元修三史多达七百四十七卷，就卷帙而论，比唐修的八部书还要多，是历代所修正史篇卷最多的。所以能在短短的三十二个月中相继完成，主要是三史的修撰，在灭宋六十四年之后，距金亡已有一百一十年，距辽亡更多达二百二十年，修史的工作早已开始。至正时期所要做的工作，不过是重加检校、拾遗补阙、最后定稿而已。

宋、辽、金三史由于史料来源不一，对各自的组织剪裁

---

① 《元史·欧阳玄传》。

三、《二十四史》各史简介

和编纂方法影响很大，并直接关系到各史的得失优劣。搞清楚三史的撰著依据，对了解它们的优劣将很有好处。

元修《宋史》，资料最为丰富。宋代已进入中国封建社会的成熟阶段，在这一时期，经济繁荣，文化发达，重文轻武的社会风气，雕版印刷的普遍应用，活字印刷术的发明，都对文献的传播流布起了重大作用。特别是宋代史学发达，为历朝所不逮，公私著述宏富，为后世留下了大宗史学遗存。仅就宋官方所修而论，就有各帝实录三千余卷、日历四千余卷、国史一千多卷，此外还有起居注、时政记之类。元修《宋史》，所依据的主要就是宋代国史。李焘的《续资治通鉴长编》，现在还存有五百二十卷，徐梦莘的《三朝北盟会编》二百五十卷、李心传的《建炎以来系年要录》二百卷，都是著名的编年体史书。至于典章制度，则可采录《宋会要》（今存《宋会要辑稿》尚有二百册，约八百万字）、《文献通考》、《宋刑统》、《开宝通礼》、《太常因革礼》、《景德会计录》和《宰辅编年录》等书。地志在北宋有《太平寰宇记》、《元丰九域志》一类的一统志，南宋则有《乾道临安志》、《咸淳临安志》一类的地方志。王称的《东都事略》、曾巩的《隆平集》纪传人物，卷繁帙富，也多有可采。此外，宋人的野史笔记，更是难以计数。在大量的文集中，也有不少重要的

137

史实，又如《崇文总目》、《郡斋读书志》、《直斋书录解题》等，也可备艺文经籍方面的采摘。所以对元朝的史臣来说，宋代史料的问题不是太少，而是太多，修《宋史》的困难，不在于文献不足征，而在于如何最大限度地组织利用取之不尽的史料。

《宋史》全书四百九十六卷，卷帙浩繁，是《二十四史》中最庞大的一部。篇幅如此巨大，除了与史料的丰富有关之外，还在于它出入两宋，所记上起宋太祖建隆元年（公元九六〇年），下迄赵昺祥兴二年（公元一二七九年），长达三百二十年。

《宋史》的本纪四十七卷，取法欧阳修《新唐书》和《新五代史》之例，一般不载诏令，但南宋史料相对较少，为了全书的平衡，间或也载一些诏令。十五志都是前史所创，但多达一百六十二卷，不仅前所未有，而且后莫能比。诸志材料丰富，内容全面详尽，又每志都有一序，提纲挈领，叙其源流和大要，颇为醒目。表两种三十二卷，《宰辅表》分四行，上两行记宰相任免，下两行载执政除罢，极有条理。《宗室世系表》根据宋宗正寺定期编定的玉牒做成，直如帝王家谱，并且多达二十七卷，没有多大的意义。列传多达二百五十五卷，传记人物二千八百多人，但因立传本于国史和行状碑志，所以京朝官较多，地方官较少。所收人物，分为二十二类，其中将《蛮夷传》和《外国传》分开，开了国内和国外分别叙述的先河。在《儒林传》之外，又创立《道学传》，反映了宋代学术的实际。

由于《宋史》成于众手，卷帙繁富，加上史臣们迫于时限，草草结束，没有来得及讨论润色，所以存在的问题特别多。前人所论列的，诸如繁简不均、丛冗缺略、编次失当、前后颠倒、彼此重复、相互抵牾、义例不一、事实错讹等，不胜枚举，归结到一点，就是草率粗疏。

纵观全书，大抵记南渡以后七朝事，不如此前九朝之简练完善。具体到南宋，宁宗以后四朝，又不如高宗、孝宗和光宗三朝详备。一方面是丛冗繁芜，另一方面又是缺漏失载。如本纪，高宗一朝三十六年乃有九卷，是过于繁芜，而理宗一朝十年只有一卷，是失于简略。南宋部分的缺漏，尤其体现在列传方面，如在《文苑传》里，北宋有八十一人，而南宋只有十一人，就连冠冕一代的刘克庄、著名的爱国诗人汪元量也不见于记载。《循吏传》所记，更全是北宋时人，没有一位是南宋的。其他著名之士，如拒不降元的彭义斌、死守合州的王坚、生祭文天祥的王炎午、终身面不向北的郑思肖，都是南宋人，同样也都不见于记载。再则，理宗以后各传，多空泛罗列职衔，少有事迹，颇为空洞。此外，像钱象祖、吕文德、张秘等人,《宋史》本来是要立传的,结果也付诸阙如。因此《宋史》的缺略与繁冗同样严重。

《宋史》其次的问题出在褒贬评论上。元修《宋史》,以表彰道学为宗,所以评价人物,往往以道学为标准,对道学中人,则多讳言其过。在王安石变法的问题上,史臣完全站在旧党的立场上,全盘排斥新党,否定新法。在宋元关系问题上,元代史臣又站在本朝的立场上,为元辩解,把两朝战事所起的原因,尽归于南宋;把宋亡元兴,解说是由于天命。此外,由于《宋史》列传大量依据国史,而国史又多本于家传、碑志、行状之类,这些记载大都成于传主的子弟门生之手,所以率多谀美之词,史臣们不加细察,一味抄录,大量仍旧,自然会多有功过失实、褒贬欠公之处。

《宋史》另外一个十分明显的弊病是一人两传或一事数见。如程师孟既见于列传卷九十九,又见于《循吏传》中,两篇文字完全相同。李孟传既附见于其父《李光传》末,又另立专传。卷一百一十六的李熙静,与卷二百一十二的李熙靖其实同是一人。一事数见的如宋代诸后妃崩薨谥号祔庙先后之序,已见于《后妃传》,其具体日月则本纪有记载,而《礼志》卷二十六又一一载入。《选举志》卷一有苏轼得人之道疏数百字,而《苏轼传》也载有此疏五百多字。在《宋史》诸志中,

三、《二十四史》各史简介

《艺文志》的编撰最为草率，这里且不说不胜举列的分类失当，仅前后重出的，就十分严重。如赵明诚的《金石录》，既见于目录类，又见于小学类。洪兴祖的《韩愈年谱》，已见于传记类，再见于谱牒类，还见于别集类。尤其不应该的是，某部书即使在同一类中，也有重复出现的，如儒家类张九龄的《语录》，总集类的《文苑英华》，都是两见。

由于《宋史》疏舛甚多，所以明清学者对它多致不满，重编改作的努力一直没有中断过。明代的柯维骐，用了二十年时间，将宋、辽、金三史合为一书，列宋为本纪，而以辰、金附之，写成了《宋史新编》二百卷。史称其"褒贬去取，义例严整"，可惜它的取材不出于《宋史》范围，见闻未广，虽然用功至深，但很少利用价值。万历四十四年的状元、崇祯时的宰相钱士升，同样是以《宋史》为依据，只收南宋人物，写成了《南宋书》六十八卷，也没有增补新的材料。明万历二十三年的进士王惟俭，苦于《宋史》繁芜，手自删定，编写了《宋史记》二百五十卷，对本纪、表、志和列传都有不同程度的删并增补。至于陈黄中的《宋史稿》二百一十九卷，则仿效《新唐书》的事增文省之法，但前后义例不一，纪传没有论赞，志无总序，尚属未定稿。此外，明王洙一百卷的《宋史质》，清陆心源四十卷的《宋史翼》，也都是改作《宋史》

中比较有名的著作。至于有志改作，而未及着手或未成书的就更多。改作新编诸书，虽有整齐订正之功，但史料不如《宋史》原始和丰富，因而不能淘汰《宋史》。

与宋代史学的繁荣形成强烈反差的是，辽代的史学极为贫乏。辽朝虽然也设置史官，仿照中原王朝建立了修撰起居注、日历和实录的制度，并先后进行了四次较大规模的修纂进呈实录的工作。但"契丹书禁甚严，传入中国者，法皆死"[1]。这道禁令阻碍了文献的流传，私人撰史无从说起，以至于元初人"语辽事，至不知起灭凡几主"[2]。这种情势极大地局限了《辽史》的取材。

辽圣宗统和九年（公元九九一年），枢密使、监修国史室昉与翰林学士承旨邢抱朴一同修成了《统和实录》二十卷。兴宗重熙十三年（公元一〇四四年），前南院大王耶律谷欲、翰林都林牙耶律庶成、翰林都林牙兼修国史萧韩家奴衰辑自遥辇可汗以来，迄于重熙年间的事迹，编成了《先朝事迹》二十卷。道宗大安元年（公元一〇八五年），史臣们又将太祖以下七帝实录修成奏进。辽末主天祚帝乾统三年（公

---

[1] 《梦溪笔谈》卷一六。
[2] 《元文类》卷五一《故金漆水郡侯耶律公墓志铭》。

元一一〇三年），耶律俨受命将辽历次所修的实录综合编定为七十卷，后人称之为耶律俨《实录》。此书虽以实录为名，其实采用的并不是实录的体裁，而是国史的体裁。它包括纪、志、传部分，是辽代最为完善的国史。

金灭辽后，曾两次编修《辽史》。金熙宗皇统年间的第一次修纂工作，由耶律固和他的弟子萧永祺先后承担，在皇统八年（公元一一四八年）完成了包括三十卷纪、五卷志、四十卷传在内的一代之史，虽然上呈朝廷，但未见刊行。金章宗即位后，开始了第二次修纂《辽史》的工作，为保证修纂工作的顺利进行，金曾在全国范围广泛征集史料。这次修史，前后历时十七年，参加的史官有党怀英、移剌履和陈大任等十三人。由于这部《辽史》是经陈大任之手最后完成的，所以后人称之为陈大任《辽史》。

元修《辽史》，即以耶律俨《实录》和陈大任《辽史》为基础，并较多地利用了宋叶隆礼的《契丹国志》及各史《契丹传》的材料，稍加修订编排而成。全书包括本纪三十卷、志三十二卷、表八卷、列传四十五卷和国语解一卷，共一百一十六卷。由于取材的限制和修纂工作的草率，内容贫乏和各部分详略不一，构成了《辽史》的主要特征。如辽两百多年的历史，只有列传百余篇，正传二百四十人，并主要为耶律氏和萧氏两大家族所囊括。而且，一般的传文每篇不过数十字，所有列传只是全书的四分之一，在《二十四史》中少有这样的情况。本纪除详略不均之外，更主要的是疏漏太多。《辽史》一开篇就记辽太祖，对契丹族的历史，只在太祖本纪赞里极简单地追述了一下，此外没有专门记载。西辽五帝八十八年的历史，《辽史》也只是在天祚帝本纪之后附记了它的建立者耶律大石的事迹。改国号是旧王朝的一件大事，但《辽史》本纪对辽太祖建国时称契丹国，太宗时改为辽，圣宗时又改为契丹，道宗时再改为辽也失于记载，由此可见《辽史》缺漏的严重。因此有人认为，《辽史》在历代正史中，是最下乘之作。

相对而言，《辽史》的志，内容比较充实。它共有十志，三十卷。其中《营卫志》是《辽史》所独创，保存了契丹早期的官帐（斡鲁朵）、捺钵（行营）及部族的建置和分布的材料。《辽史》把《兵志》改为《兵卫志》，其下又分"兵制"、"御帐亲军"、"宫卫骑军"、"大首领部族军"、"众部族军"和"五京乡丁"等纲目，扼要叙述了辽的军事组织。有些志虽非《辽史》所独有，但在这里的记载也很特别。如《仪卫志》中的"舆服"，分为国舆与汉舆、国服与汉服，"仪仗"分为国仗、渤海仗和汉仗等，不但记述了契丹早期的车舆、服饰和仪仗制度,而且对后来采用汉制辇舆、服饰和仪仗的时间、规格、形制也都有所记述。其他如《礼志》,分记契丹和汉族礼仪,《百官志》分载北、南面官制,也是如此。人们对《辽史》颇多称道的是它的表。《辽史》共有八表,类目之多,仅次于《史记》和《汉书》。表多减少了立传之繁,省却了许多内容空洞的篇幅,"凡朝贡叛服征讨胜负之事,皆附其中,又省却多少外国传",所以赵翼称"《辽史》立表最善"[①]。其中的《游幸》、《部族》、《属国》三表,是《辽史》所创新的。通过这些表,读者能对各部族、各属国以及与辽朝廷的关系,一目了然。虽然表中的材料,多载于本纪、志和列传中,如辽帝每年游幸之事既已具书于本纪,《辽史》又把有关材料抽出来,单列了《游幸表》。但表以它独特的性格,颇为豁然醒目,殊便阅读,并不能说完全没有价值。

在全书之末,附有一卷《国语解》,对《辽史》中出现的许多有关官制、人事、物产、部族、地理、姓氏等契丹词汇做了解释,是研究契丹语言文字及其历史的珍贵资料,对阅读《辽史》提供了很大的方便。不过其中译音有不少错误,后来清朝敕撰《辽金元三史国语解》,对此有所订正。

[①] 《廿二史札记》卷二七。

《辽史》修成后，在明代并没有引起人们的注意。清人厉鹗，有感于《辽史》缺漏太甚，竭毕生精力，于乾隆八年（公元一七四三年）写成了《辽史拾遗》二十四卷。其书旁收博采，征引书籍三百余种。它摘录《辽史》原文为纲，引述其他材料增补于下，并考订异同，缀以按语，开了后来《辽史》研究的风气。此后，清朝杨复吉又著《辽史拾遗补》五卷，补厉鹗所未备，新增材料四百多条。陈汉章的《辽史索隐》重点考证辽代的地理沿革，而冯家升的《辽史初校》则是由校勘入手全面研究辽史的一部重要著作。此外，张元济的《辽史校勘记》和罗继祖的《辽史校勘记》，都对《辽史》的点校本有所贡献。

在元修三史中，一般认为《宋史》过于繁芜，《辽史》则过于简略，只有《金史》"首尾完密，条理整齐，约而不疏，赡而不芜，在三史之中，独为最善"[1]。所以如此，是由于金朝颇为注重文献的编纂工作，以至"制度典章，彬彬为盛，征文考献，具有所资"[2]。金亡以后，以纂述一代之史自任的颇不乏人。进入元朝，史臣们于此书又先后经营，与宋、

---

[1] 《四库全书总目》卷四六。
[2] 同上。

三、《二十四史》各史简介

辽二史的仓促成书不同。因此能比《宋史》更加简洁,比《辽史》则更为充实。另外,女真文化比契丹文化要高。金朝占有中原后,就学习汉人,设记注院修起居注,又以秘书所领之著作局掌修日历,并在这个基础之上编修实录。女真族最初没有文字,祖宗事迹也不见于记载。但有人如宗翰之辈留心掌故,"好访问女真老人,多得先世遗事"[①]。所以金立国之前的历史,不至于完全湮没。金太宗天会六年(公元一一二八年),命完颜勖和耶律迪越掌修国史,他们修成了包括始祖以下十帝在内的《祖宗实录》三卷。太祖以下,除卫绍王和末帝哀宗之外,其他各帝都有实录。在金灭亡的前一年,哀宗弃都奔蔡,汴京发生了崔立之变,以城降元。元将张柔进驻都城,"于金帛一无所取,独入史馆,取《金实录》并秘府图书,访求耆德及燕赵故族十余家,卫送北归"[②]。并在元中统二年(公元一二六一年)议修辽、金史时,将全部《金实录》献于朝廷。

就在元朝廷因修三史体例不能确定,因循岁月的时候,在民间,史学家却没有这些限制,开始了编修金史的工作。著名的文学家元好问的晚年,继"国亡史作"的惯例,以撰

---

① 《金史·完颜勖传》。
② 《元史·张柔传》。

著一代之史自命。当时《金实录》藏在张柔家，元好问曾向张借阅，表示要借此以修金史的愿望，未能遂愿。但元好问并没有就此而止，为了一代之史不至于泯而不传，"乃构亭于家，著述其上，因名曰野史。凡金源君臣遗言往行，采撫所闻，有所得辄以寸纸细字为记录，至百余万言"[①]。这就是后来元修《金史》多所采录的《壬辰杂编》。另外，元好问所编的《中州集》，对所收录的二百四十九位诗人，都作了一篇要言不烦的小传，有很高的史料价值。元好问之外，更有刘祁，他在金末丧乱之际，北归乡里，躬耕自给，撰著了十四卷《归潜志》，希望以后修史能有所取。此书所记，大都是作者"昔所与交游"的名贤，因而有很高的史料价值，并为修撰《金史》提供了不可多得的宝贵资料。此外，《金史》志的修撰，还参考了《重修大明历》、《大金集礼》、《金初州郡志》、《士民须知》以及金代的条格、法令等。

《金史》一书凡一百三十五卷，其中本纪十九卷，志十四篇三十九卷，表两篇四卷，列传七十三卷，记载了上起金太祖收国元年（公元———五年）阿骨打称帝，下迄金哀宗天兴三年（公元一二三四年）蒙古灭金，共一百二十年的

---

① 《元史·元好问传》。

历史。

与《魏书》相似,《金史》本纪的第一篇是《世纪》,用以追述阿骨打以前十代的事迹,便于人们对女真先世在氏族部落时的社会情况有个大致的了解。本纪的最后一卷是《世纪补》,用以叙述金熙宗的父亲景宣帝、金世宗的父亲睿宗、金章宗的父亲显宗这三位有号无位的"皇帝"。这种体例,后来为《元史》、《明史》所效法。《金史》创设的《交聘表》,列举了金与宋、夏、高丽的往来及和战情况,用简明扼要的方式,表述了最复杂的内容。《金史》的十四志记事详备。如《食货志》详记女真贵族在中原实行猛安谋克屯田的情况,并记录了金钞法的混乱;《地理志》记录我国北方各州县的废置;《河渠志》记载了水运交通与修治黄河等事。其他如《历志》、《礼志》、《百官志》、《兵志》等,也都"本本元元,具有条理",深受清四库馆臣的称赏。

相形之下,《金史》的列传部分问题较多,其中最突出的是一些应该立传的人没有立传。如在金建国之初,为之创立朝仪制度的渤海人杨朴、多次出使宋朝的太师李靖、在对宋战争中屡建功勋的韩常等人,都没有立传。相反,又有些是不必设的类传或不该重复立的传。如《酷吏》和《宦者》列传只收有两人,钱大昕认为,可附于其他类传中,完全没有必要立。又如张邦昌、王伦,《宋史》已为之立传,《金史》已没有必要再立。再者,《金史》列传中的人名颇为复杂,尤其是译名混乱,让人很难分辨。

清代治《金史》成就最大的是施国祁,他用了二十年之力,将《金史》读了十多遍。辨体裁、考事实、订字句,共得谬误、衍脱和颠倒四千余条,最后写成了《金史详校》十卷和《金源札记》二卷,对《金史》存在的总裁失检、纂修纰漏、写刊错误等问题分别做了示例。今人陈述所作的《金史拾补五种》,包括《金史氏族表》六卷、《女真汉姓考》二卷、《金赐姓表》二卷、《金史同姓名表》一卷和《金史异名表》一卷,是校补《金史》的重要著作。

《元史》

承继元后的朱明王朝,在组织人力撰修前代历史上表现得异乎寻常的积极。洪武元年(公元一三六八年)十二月,也就是明兵攻克元大都的四个月之后,朱元璋便下诏纂修《元史》。这时,元顺帝未死,元国号尚存,撰修一代之史显然为时过早,明君臣便匆忙以朔方平定,九州攸同为由,宣布召集儒臣,纂修《元史》,以成一代之典。所以如此心切的

三、《二十四史》各史简介

举动,只能解释为是担心残元势力卷土重来,把修史工作纳入巩固新政权的政治宣传,造元已灭亡的舆论。

修史的组织工作也很迅速。在朱元璋下诏仅一月之后,也就是洪武二年二月初一,汪克宽、胡翰、宋僖、陶凯、陈基、赵埙、曾鲁、高启、赵访、张文海、徐尊生、黄篪、傅恕、王锜、傅著、谢徽,十六位山林隐逸之士,便从各地来到南京,齐集于天界寺。朱元璋亲自为修纂《元史》规定了指导方针和编纂原则,要求史臣一定要"直述其事,毋谥美、毋隐恶,庶合公论,以重鉴戒"[1]。又命中书左丞李善长为监修,翰林学士宋濂、侍制王袆为总裁,《元史》的修纂工作便正式开始了。

修纂过程异常短促。仅一百八十八天之后,即当年八月十一日,上自太祖、下迄宁宗的历史,便以本纪三十七卷、志五十三卷、表六卷、传六十三卷和目录二卷,计一百六十一卷完成全书。由于顺帝一朝史事,没有实录作基础,修撰工作无法进行,只好暂时停下来。为了完成顺帝一朝的历史,朱元璋派欧阳佑、吕复、黄篪等十二人到全国各地采访史料,而重点在北平和山东。在采访人员还朝之后,

---

[1] 《明实录·太祖实录》卷三九。

洪武三年（一三七〇年）二月初五，又一次开局修史。这次仍以宋濂、王祎为总裁，纂修除赵埙一人没有变化之外，原班人马几乎全部改换。朱右、贝琼、朱世濂、王廉、王彝、张孟兼、高逊志、李懋、李汶、张宣、张简、杜寅、愈寅、殷弼十四人全是新人。到七月初一，又修补纪十卷、志五卷、表二卷、传三十六卷。合两次所修，重新编次，这样便成就了二百一十卷的《元史》。这部书前后历时仅三百三十一天，在全部《二十四史》中，所用时间之少，成书之速，仅次于沈约的《宋书》。

《元史》的修纂，由于距元朝灭亡不久，很多史料还没有整理出来。正如《四库全书总目》所说，"其时有未著者，有著而未成者，有成而未出者"，这样就"势不能裒合众说，参定异同"。所以"《元史》之舛驳，不在于蒇事之速，而在于始事之骤"。实际上，蒇事之速也不可能不带来问题。由于仓促行事，即便现有史料也没有能收罗齐备。特别是修纂者大都是江南文人，少有北方儒士，更没有蒙古或其他民族的学者。加上蒙元历史的特殊性，在忽必烈正式建立元朝之前，即已有四朝七十多年的历史，元朝建立之后，在中国本部之外，更有钦察汗、伊利汗、察合台汗国三大宗藩。因而许多有关蒙元历史的重要史料如《元朝秘史》、《圣武亲

三、《二十四史》各史简介

征录》等都没有能利用。其他野史如陶宗仪的《辍耕录》、耶律楚材的《西游录》、丘处机的《长春真人西游记》以及宋人的《黑鞑事略》、《蒙鞑备录》等也都没有注意到。所据史料,顺帝以前主要是《元十三朝实录》、《经世大典》、《元一统志》、《国朝名臣事略》以及《后妃功臣列传》。顺帝一朝的历史,则是根据《庚申帝大事记》及采访资料写成的。

在这样一种史料基础上修史,也就难免会轻重失序,出现某种不平衡。如在全部三千二百五十九卷的《二十四史》中,约四百卷的本纪仅是全史的八分之一,而《元史》的本纪多达四十七卷,是全书的四分之一,是《二十四史》平均数的一倍。所以如此,是因为本纪的写作有史料可据,修纂《元史》最基本的材料《元朝十三朝实录》主要为这部分所采录。另外,即就各帝的本纪而论,也极不平衡。蒙古国四帝七十多年的历史,仅有三卷,而世祖一朝,就多达十一卷,宁宗本纪也有十卷之多。这种详细的记载,虽然给我们今天颇多便利,但我们以同样的标准去看待其他部分,则不能不说失于疏略,造成了今天研究工作的不便。特别是定宗之后、宪宗以前三年间,史臣以"其行事之年,简策失书,无从考也"为由,竟不着一字,对此与其说是实事求是,毋宁说是不负责任。

史料搜集工作做得不够,同样在列传部分也反映得很充

153

分。由于史馆人员知识结构的缺欠，或者说配备不合理，加上准备工作不足，对蒙古人和色目人不了解，立的传就很少，即使有传，大都内容空洞。如见于《宰相表》的蒙古人有五十九人，立传的不及一半，见于《宰相表》的色目人更多，立传的反而更少。太祖诸弟、诸子仅有一人立传，太宗以后皇子竟无一人立传，以至于像太祖弟失吉勿秃忽、权臣奥都刺合蛮等人都未能立传。又因为只有文人学者才多墓志、家传、行状之类，材料是现成的，可以用作依据或供抄袭，故《元史》列传中文人学者便占有很大的比重。

如果说史料不齐备只是造成全书各部分不平衡和诸多缺憾的话，那么，仓促草率所带来的问题就更加严重。最明显的是人名不统一，地名也多互歧。在《元史》中，同为一人，由于译音的关系，往往以好多个名字出现。如"速不台"又作"雪不台"、"唆不台"；"肖不台"又作"笑乃觲"、"笑乃带"；"八思巴"又作"八合思巴"、"八哈思巴"。这些重要的人物尚且如此，其他的可想而知。更不应该的，就是在同一卷同一个人，名字也没有划一。如在《耶律楚材传》中，权臣奥鲁刺合蛮，在随后的一段文中却成了"奥都刺合蛮"。

最可笑的是一人数传，或者误将两个人当作一个人。一人两传的如卷一二一有《速不台传》，而紧随其后的卷

三、《二十四史》各史简介

一二二又重出了《雪不台传》；卷一三一有《完者都传》，仅隔一卷，又重出了《完者都拔都传》；卷一五〇为《石抹也先传》，卷一五二又重出了《石抹阿辛传》。至于随手抄录原案牍之文，不加查考，以至于有姓无名的如何主簿、裴县尹、耿参政、王征事、李承事、张奉政之类甚多，难以一一列举。

《元史》的这种状况，不仅后人颇多微词，即使当时人也不满意。如撰写《外国传》的宋禧，在他寄宋学士的诗中就不无自嘲地说："修史与末役，乏才愧群贤，强述外国传，草疏仅成篇"，把《元史》修撰者那种力不从心、苟且塞责的心理说得很明白。后人提及《元史》，除赵翼还有些称许之词外，其他人都不遗余力地诟病，并不断努力于修改或重编。

早在洪武末年，朱元璋就已觉察到《元史》多有舛误，让著名的学者、《永乐大典》的主持修撰者解缙加以订正，解缙为此写作了《元史正误》。参与其事的朱右，也在《元史》成书后不久作了《元史补遗》。此外，明代学者胡粹中还著有《元史续编》。清代考据学兴，纰漏百出的《元史》成了人们竞相考订的对象，以至于对元史的研究从此成为显学。清初邵远平的《元史类编》，对《元史》多有订正之功。史学大师钱大昕，对于《元史》致力尤深，有志改作，虽未能成就，但他的零星篇卷，也都功力独深。其后魏源作《元史新编》，独出心裁，自成体例。以上诸家，大体上是增益旧闻，补正脱伪，别图改作。汪辉祖就《元史》校正《元史》，以成《元史本证》，指出了《元史》的三千七百余条谬误，对《元史》做了较为系统的证误工作。其后，洪钧著成《元史译文补证》，以西方史料，证中国之所未确，补中国之所未闻。屠寄的《蒙兀儿史记》，增人所无，详人所略，可谓别具一格。更有柯劭忞，广收慎用，博采约取，综合各家，排比纂辑，写成了《新元史》，被北洋政府的大总统徐世昌下令列入正史之中。

《元史》的问题是如此之大，但六百多年来，一直没有被废弃；后世的改作如此之多，但都没有能替代《元史》。这说明了《元史》是有生命力的。而这种学术上的生命力，显然不能完全归结为政治上的原因，比如说是明朝皇帝敕撰的，清代皇帝又把它列入《二十四史》。而有必要从学术内部找原因。

首先，《元史》所依据的基本史料，是《十三朝实录》。尽管元朝的史官制度不很完备，实录的修撰没有日历和起居注作基础，但从成宗大德年间纂修前四汗和世祖朝的实录开始，终于形成了以后修纂实录的制度。从此相沿所修的《十三朝实录》，是蒙元时期最系统、最详细的编年史料。由于元朝实录只是在修纂完毕之后缮写一份进呈，又规定不得让外人传阅，所以是极其珍贵的孤本和秘本。《元史》的修纂最大限度地利用了这份史料，本纪部分就是据此节录而成，并且篇幅较大，这就难能可贵地保存了第一手资料。在《十三朝实录》遗失之后，《元史》也就成为其他史书无法替代而且必须依靠的对象。

《元史》所依据的另一重要史料是《经世大典》，这是元文宗时以赵世延和虞集为总裁、元朝官修的政书。《元史》的志、表部分，就是节录自此书，如《百官志》、《三公表》、《宰相表》取自《治典》，《食货志》取自《赋典》，《礼乐志》、《舆服志》、《历志》、《选举志》取自《礼典》，《兵志》及《外夷传》取自《政典》，《刑法志》取自《宪典》，《河渠志》取自《工典》，《地理志》取自《赋典》的"都邑"和"版籍"及《大元一统志》。另外，《天文志》吸取了郭守敬的研究成果，《历志》则是根据李谦的《授时历议》和郭守敬的《授时历注》编撰的。总之，众多的史料如百川归海，汇综入史，这是《元史》得以长存不废、在众多的同类著述中得以专美于世的最主要原因。

再者，《元史》作为二百一十卷的大书，有些部分也是写得很成功的。特别是《食货志》、《职官志》、《兵志》、《刑法志》，内容都很充实，所以赵翼称"一朝制度，亦颇详赡"。尤其值得称道的是，由诸志之序，可见编纂者视野开阔、综合力强，有较强的历史感，颇具史识。此外，纂修者按照朱元璋"文辞勿致于艰深，事迹务令于明白"的嘱咐，文字浅显，叙事简明，不乏史才。总之，《元史》虽说问题不小，但总的来说，还不失为一部材料丰富、叙事简明的史书。

《明史》

自唐以后，正史的修纂基本上为官府所垄断，这些官修的正史，也大体可以看作是一代史学成就的缩影。清修《明史》，搜采之博、考证之精、职任之专、义例之一以及所用的时间之长、动用的人员之多，都是唐以后诸史所不能比匹的，代表了清代史学的水平，体现了清代学术的风格。

清明两个王朝之间的更代，同样也是两个民族之间的政权交替。由于在新旧王朝之外更多了一层民族关系的考虑，所以清初以明遗民自居的人特别多。他们利用各种机会坚持抗清斗争，但知识分子特有的功能，使他们中的很多人选择了"修故国之史以报故国"的途径。如被称为清初三大家之一的黄宗羲，除辑有《明文海》四百二十八卷之外，更撰有《明

三、《二十四史》各史简介

史案》二百四十卷和《明儒学案》六十二卷。清初三大家之一的顾炎武，也有《皇明修文备史》四十册，并辑存有关之书七十五种，都是为修撰《明史》而准备的材料。为了"安抚"明遗民，使清初各种力量的抗清活动尽早平息下来，清在顺治二年（公元一六四五年），即入关后的第二年，就下诏纂修《明史》，开始了清修《明史》第一阶段的工作。

这一阶段的工作由内三院大学士洪承畴、冯铨、范文程等人负责。这些人不仅缺乏史学素养，而且身为降臣，对于怎样处理一代之史颇多避忌。尤其是冯铨在明末厕身阉党，参与打击和杀害东林党人，其言行为士大夫所不齿。朱彝尊就说他身为《明史》总裁，但在皇史宬看到《熹宗实录》天启四年的纪事中，有对自己不利的记载，便擅自毁坏，以至无有完书。因而这些人也吸引不了有气节、有史学素养的人参加工作。再加上当时政局不稳，农民军和南明小朝廷仍在抗清，没法展开大规模的征集史料的工作。由于各种修史条件均不具备，这一时期除了做一些基本的史料搜集工作之外，不可能有大的成就。

第二阶段的工作是清修《明史》最重要的时期。康熙十八年（公元一六七九年），清平定"三藩之乱"的战争已取得了决定性胜利，在全国范围的统治已基本稳定下来。为了显示文治武功，清统治者在这一年开"博学鸿词科"，录取了五十名博学鸿儒，并重开史局，让这些人进入史馆修纂《明史》。这次由内阁学士徐元文任监修，翰林院学士叶方霭及张玉书任总裁，此后继任监修的有李霨、王熙、熊赐履、张玉书，总裁则有徐乾学、陈廷敬、王鸿绪。由博学鸿词科入局修史的五十人中，以朱彝尊、汤斌、尤侗、毛奇龄、汪琬、张烈、乔莱、陈维嵩、潘耒、施闰章、方象瑛、吴任臣、严绳孙等人的贡献较大。此外，徐元文还被奏准陆续征聘人才，姜宸英、黄虞稷等人都对《明史》的某一部分做出了贡献。不过，对《明史》贡献最大、总揽其成的则是万斯同。

万斯同字季野，浙江鄞县人，是黄宗羲的学生。与他的老师一样，万斯同也以明朝的遗民自居，并谙熟故国历史。他不为时文，不仕科举，专意古学，博通诸史，于明历朝实录，曾下过一番默识暗诵的功夫，不曾遗漏一事一言。在这之外，他还向故家长老访求遗书，考问往事，并旁及郡志邑乘，家传墓志之文，也无不网罗参伍。因而可以说是修纂《明史》最合适的人选。但一方面，明朝遗民的身份不允许他参与清政府的事业，另一方面又要修故国之史以报故国，这样便出现了颇为有意思的情形。一方面，万斯同答应了徐元文的延请，另一方面他坚守布衣的身份，不署衔，不受俸，甚至不入史局。

三、《二十四史》各史简介

徐元文同意了万斯同的要求，让他住在自己的家里，对他甚为倚重。纂修人员的文稿都要送到万斯同那里审定，史馆讨论的问题也以万斯同的意见为准。

康熙三十年（公元一六九一年），徐元文病死，万斯同又受聘于王鸿绪，在他家继续核定《明史》，王还指派钱名世做他的助手。这样又工作了十多年，直到康熙四十一年（公元一七〇二年）死去。曾三次任《明史》总裁的王鸿绪，在万斯同工作的基础上，又将全书进行了一番删改，编为《明史稿》三百一十卷，并在康熙五十三年（公元一七一四年）和雍正元年（公元一七二三年）先后将列传和纪志表进呈。后来，王鸿绪的子孙，又将全书收入《横云山人集》，私刻印行。这部称为《横云山人明史稿》的著作，便是第二阶段的成果。

雍正元年，清廷第三次开史局。这次以隆科多、王顼龄为监修，张廷玉、朱轼等人为总裁，另有纂修官二十五人。过去有人认为这一阶段仅仅是增损王鸿绪的《明史稿》，偶尔点窜字句而已。其实，从雍正元年到十三年这期间，史臣们做的工作很多。如全书的论赞大都成于这一时期，或者补充新材料，或者改变观点，或者做文字润色，改动很大，有些甚至可以看作是重新编写的。因此，这一阶段在《明史》修纂过程中，是审查修订阶段，进一步提高了《明史》的质量。

由于最后阶段的总裁是张廷玉，所以全书由他领衔上表进呈，各本也都题张廷玉等撰。

《明史》是《二十四史》中最后编修成的一部，因而能充分吸取以往正史编纂工作中的经验。加上从顺治二年下诏始修，到雍正十三年最后成书，历时长达九十一年，有充分时间进行讨论修订。再者，《明史》的作者很注意体例问题。朱彝尊进入史馆之后，在给总裁所上第一书中就指出："盖作史者必先定其体例，发其凡，而后一代之事，可无纰漏。"[①] 此外，徐乾学有《修史条议》六十一条，王鸿绪有《史例议》，汤斌有《本纪条例》、《明史凡例议》，潘耒有《修明史议》，施闰章、沈珩等均有《修史议》等。因此，《明史》虽然卷帙繁富，多达三百三十二卷，在《二十四史》中，仅次于《宋史》，却也能做到体例严整，首尾贯通。诚如赵翼所指出的那样："近代诸史，自欧阳公《五代史》外，《辽史》简略，《宋史》繁芜，《元史》草率，惟《金史》行文雅洁，叙事简括，稍为可观，然未有如《明史》之完善者。"[②] 的确，《明史》无愧于《二十四史》那道历史长城的最后一块巨石。

---

① 《曝书亭集》卷八〇。
② 《廿二史札记》卷三一。

《明史》本纪二十四卷,自太祖至庄烈帝,所记凡十六帝,二百七十六年。明英宗朱祁镇曾两度为皇帝,"土木之变"被瓦剌俘虏北去后,由代宗继位,后经过"奇门之变"而复位。《明实录》处理这段史实,将景泰七年事,附于《英宗实录》,而称代宗为郕戾王。《明史》则实事求是,将正统十四年之事立为《英宗前纪》,天顺八年之事立为《英宗后纪》,而将景帝纪插入其中,斟酌去取,较为公允。但对南明安宗、绍宗、昭宗事,并无安排,仅附朱由崧事于《福王常洵传》、朱聿键事于《唐王桂传》、朱由榔事于《桂王常瀛传》,并叙事简略,避讳尤多。这样一来,登极建号之三帝不为立纪,而将相四十多人有传,如同有枝叶而无本干。平情而论,清朝史臣在多次文字狱之后,如同惊弓之鸟,如此处理问题,确不如《明史稿》之为此三人立专传。

《明史》十五志七十五卷,例目一仍其旧,但在具体处理问题上却与以往不同。史臣们以"历生于数,数生算,算法之勾股面线,今密于古,非图则分割不明"[①],所以《历志》附有图,这是以前史志所不曾有的。《艺文志》改记一代收藏为一代著述,即不再收前人之书,而只录明人所著,更加

---

① 《四库全书总目》卷四六。

切合义例。此篇由《千顷堂书目》的作者黄虞稷编定，虽间或有滥收漏收的情况，但从整体上看，可以说分类得当，编排合理。《刑法志》出自姜宸英之手，《食货志》为潘耒所编，两志一向得后人的好评。只有《五行志》简单多缺漏，不如现存孙之騄的《二申野录》详赡，所以不为世人所重。

《明史》五表十三卷，《诸王表》、《功臣表》、《外戚表》和《宰辅表》都是旧史已有的，只有《七卿表》是新创的。明代不设宰相，阁部并重，六部尚书之外，再加上都察百司的都察院的都御史，也就是所谓的七卿。

与其他正史一样，二百二十卷的列传，是《明史》的主干。《明史》的列传在编排上采用了以时为序、以事为主、以类相从的方法，而不再一味地父子兄弟合传。如列传一开篇就将与朱元璋同时起义的郭子兴、韩林儿、刘福通编成一卷，接着的一卷是陈友谅、徐寿辉、张士诚、方国珍、明玉珍等元末起义群雄，其次是支撑元朝残局的扩廓贴木儿、陈友定等，往下则是徐达、常遇春等明朝开国功臣。在一件事涉及许多人时，《明史》往往为这件事的最重要人物立传，而把其他人的简略传记附于主传之后。如《刘昆传》，所附十多人，都是弹劾刘瑾的，《夏良胜传》后，附有因谏阻武宗南巡因而受杖的一百四十余人，《何孟春传》所附二百三十九人，都是参与议"大礼"的。这种做法，显然是吸收了纪事本末体的优点后的一种变通方法。

《明史》的编写，先是广采博收，编成长编。如杨椿在《上明鉴纲目馆总裁书》中说："潘君稼堂承修食货，自洪武朝至万历朝共钞六十余本，密行细字，每本多则四十余纸，少则二十余纸。同事诸君大率类此。"其他如撰写严嵩、张居正、周延儒的列传时，都先各自抄录了五百多页的材料，关于魏忠贤的材料，更是多达千余页。在这样丰富材料的基础上，再约取节要，写成定本。《明史》的编撰者在选择这些众多的材料时，采取了十分审慎的态度。遇到记载有异，是非难定时，往往诸说并存，不轻易删削，以待读者自定。如关于建文帝的去向、李自成之死，都是如此。

尽管《明史》体例严整，选材审慎，叙事精详，编排得当，从形式到内容，都颇为完善，但大厦之材，寸朽难免。《明史》中除了可以理解的隐讳问题不说，其他包括史事错误在内的问题也不少。有鉴于此，乾隆四十年（公元一七七五年），清廷复下诏修正《明史》，主要是划一译名。乾隆四十二年，又正式设立了总裁和纂修官，旨在重纂，结果只成就了本纪二十四卷，内容大体仍旧。当时作为修订的一项准备工作，是对《明史》各卷逐一考证，藏于方略馆中的原稿，只有列传部分。光绪年间，军机处行走王颂蔚将它抄出，整理成了《明史考证捃逸》四十二卷。所考包括文字的倒错脱衍，年代、职官、地理和各种制度的错误，本书的相互矛盾之处，并用实录等书增补了列传之不足，虽无关大体，也颇有参考价值。今人黄云眉，从一九四一年到一九六一年，以二十年的心血，精心撰著了《明史考证》一书，又用了整整十年的时间来修改定稿。全书凡八册，约二百万字，近年已由中华书局出版，是考证《明史》的集大成之作。

四、《二十四史》的意义与价值

《二十四史》的撰著，从汉武帝太初时到清乾隆之初，整个编纂过程长达一千八百多年。其间，我国一代又一代优秀的史学家，乃至整个知识界，甚至可以说全社会，都不同程度地参与了那道长城的修筑事业。

的确，《二十四史》的署名者是屈指可数的，除《新唐书》的署名是欧阳修、宋祁两人之外，其他二十三史都仅署有一人而已。但这并不意味着仅是这二十多人的功绩。恰恰相反，自唐以后，大多数的署名者都不及一些未署名者的作用大。如《旧唐书》独署刘昫，实际上他不仅没有执笔撰写，而且也未做监修综理之事，被人们认为是"由不虞之誉而得尸名千古"。又如《明史》署名张廷玉，实际上，他对《明史》的贡献，并不及徐元文和王鸿绪，更不及万斯同。正史在唐以前由私人撰著，也并不是成于一人之手。如《汉书》，除了班固之外，班彪、班昭和马续也有一份功劳。即使鼎鼎大名的《史记》，固然是司马迁天才的创造，但也有司马谈授命在前，又有褚少孙续补在后。这也就是说，几乎我国所有最杰出的史学家都参与了《二十四史》的工作。

在唐以前私人撰述正史的时代，大多数的正史都非只一家，所谓"十家《后汉书》"、"十八家《晋书》"的说法尚且不能包罗殆尽。某一家最后得以列为正史，无一例外地都是因为吸取了众家优点和长处的结果。唐以后正史官修，这套史书的修撰更是集中了整个史学界乃至全部知识界的力量。元修宋、辽、金史，如何处理这三史的关系问题，当时知识界就有过一场持续甚久的大讨论。清修《明史》，作为清初三大家的黄宗羲和顾炎武虽没有参与其事，但黄宗羲支持自己的学生万斯同北上，并将自己所收集的史料送给了他。顾炎武则通过作为监修和总裁的两位外甥徐乾学和徐元文及自己的学生潘耒对《明史》的修纂发生着影响。

如果放宽考查的视界，那么我们还可以说《二十四史》的修纂并不只是几十位史学家乃至知识界的事，而关系到全社会。"人君观史，宰相监修。"为了把修史工作纳入为政权服务的轨道，朝廷往往是这项工作最热心的倡导者和组织者。修史之初，大规模的征集史料的工作，也往往要动员全

四、《二十四史》的意义与价值

社会的力量。甚至具体的修纂事宜，除了总裁和修纂官之外，上则有监理，下更有提调、收掌、缮写、校对和监造人等。另外，正史的修撰备受人们的关心，如宋祁带着《新唐书》到成都知府任刊修时，每晚宴罢盥毕，便垂帘燃烛，从事撰著，"远近观者皆知尚书修《唐书》矣"。宋祁一盏灯下的写作，之所以具有某种神圣的意义，就在于他所写的不是一般的史书，而是正史。在士子学人中，更是以参与写作为荣，至于官僚阶层，则留意着已写定的史书对自己祖先的评议，更关心着后来的正史对于自身的记载。因而，《二十四史》倾注了全社会的关心。

《二十四史》最大的特点，在于它写作的连续性，记事的系统性。自司马迁发凡起例，写成《史记》之后，一代又一代赓续而作，一脉相承。黑格尔所说的"中国历史作家的层出不穷、继续不断，实在是任何民族比不上的"[①]，最为典型地反映在正史上。唐以前史书私撰，人们蜂起而作，竞相比美，一代之史往往多至数家乃至数十家。唐以后正史官修，历代王朝都注重此事，即使最贫弱、混乱的朝代也没有推卸这一使命。后梁、后晋、后唐弱小且短命，都亟亟于唐

---

① 《历史哲学》第一六一页，生活·读书·新知三联书店一九五六年版。

169

史的修撰，并最终完成了《旧唐书》。元朝则在灭亡前的风雨飘零中，匆忙推出了宋、辽、金三史。这些史书虽然质量多有问题，但毕竟有胜于无，使那道历史的长城不至于出现豁口。

写作的连续性，必然带来记事的系统性。《二十四史》的记事，上起传说中的黄帝，下迄明崇祯之末，长达四千多年。不仅记事久远，而且前后相接，自成体系。如果把各史的本纪编排在一起，就是一部完整的编年史，其间会少有缺漏，更多地只能是交叉重复。如果把各史的书志编排在一起，则会是一部前后贯通、首尾完具的典章制度史。为了使这套史书的记事完整、系统，《二十四史》的一些作者甚至不顾朝代的断限，有意识地为前史拾遗补阙。如《宋书》的作者沈约，在八志之中，不仅记刘宋一代制度，而且上溯曹魏，以补《三国志》无志之阙。唐代则专开史局，修《五代史志》，以补梁、陈、齐、周、隋五代史没有志的缺欠。正因为历代作者如此用心，所以这套史书的记事极为系统。我们称《二十四史》是一道历史的长城，除了认为它是我国浩如烟海的史书的脊梁或灵魂之外，再就是由于它写作的连续性和记事的完整性。

《二十四史》的另一特点在于它内容的丰富性。在我国众多的史书中，其他体裁的史书由于各自的局限，如编年体

四、《二十四史》的意义与价值

以时间为纲，纪事本末体以事件为主，典制体专详典章制度，都不能包罗万有，像纪传体那样记事丰富。纪传体虽说是一种体裁，其实是由多种体裁组织成的。"纪传"这一名义，就包括有本纪和列传。在这之外，还有书志、史表和世家、载记一类的名目。为了处理特殊的历史现象，接纳新的历史内容，各史还可以不拘一格，在这之外另立名目，即所谓的因事制宜。如《新五代史》就新设有《十国世家年谱》和《四夷附录》，《辽史》则有《国语解》。正是由于纪传体史书体裁的伸缩性，使得它能够适应变化了的形势，包罗极为丰富的内容。

《二十四史》百科全书式的记事，也是由《史记》的作者司马迁开创的。司马迁心究天地，贯古通今，融汇百家，写成一史，"本纪以序帝王，世家以记侯国，十表以系时事，八书以详制度，列传以志人物。然后一代君臣政事，总汇于一篇之中"[①]。班固虽改"通古为书"而为"断代为书"，并为以后的史家所遵守奉行，但集天下行事为一史、汇世上之书为一家的意图始终没有改变。正史的写作，从来都不只是简单地记述人事，而是包罗所有的历史现象，其中也包括各

[①] 《廿二史札记》卷一。

种自然现象的发生和人类历史活动的创造物。因此，在《二十四史》中，包括了极为丰富的内容，如天文星相、雨雪风霜、蝗虫水旱、地震山颓、饥荒丰稔、历法算数、礼仪服饰、乐律钟鼓、舆服仪卫、职官选举、户口田地、赋税徭役、漕运仓库、钱币钞法、盐铁坑冶、市舶商税、茶市马行、纺织烧造、河渠水利、驿传马政、火器车船、兵武刑法、经籍艺文等等无不网罗其中。《二十四史》如同一部万象兼备、凡物尽有的百科全书，成为我们取之不竭、用之不尽的记纂渊海。

《二十四史》还有一个非常突出的特点，这就是它史料的原始性。史料来源的直接或原始与否，对史事真伪的关系甚大，所以人们在研究工作中，往往援据相对原始的文献，而尽量不用辗转稗贩来的间接材料。的确，《二十四史》的材料都不是最原始的，但它们大都是对最原始的材料加工整理的结果。比如，其中很多都是根据原始的档案、实录、国史和家传、碑志、行状等写成的，因而较为可信。特别是在这些第一手的资料亡佚之后，《二十四史》的材料便已难可贵，相对原始，以至于成为后来一些史书如《资治通鉴》的取材依据。张舜徽在劝导历史学工作者要发愿阅读《二十四史》时，就指出了其中的两个原因。"一则由于这些书籍，多有反映每一朝代史实的最早记载，凡是引据旧事，有所考证，

四、《二十四史》的意义与价值

多用'正史'参考。二则由于《通鉴》、《通考》一类的书，都是在丰富的纪传体史籍大量提供材料的基础上编纂而成的，自然为体例所限，对原始资料有别择、有去取，加了一番剪裁的功夫。我们如果要推见当时史实的真相和全貌，许多资料，还是保存在'正史'中。"[1] 这段话，精练地说明了《二十四史》的史料价值。

在肯定《二十四史》记事完整、内容丰富、材料可信的同时，我们也要注意它的局限和不足。其实，《二十四史》的这种局限和不足，也是整个中国传统史学的缺陷所在。

对于这种缺陷，前人曾多有论列，其中最著名的，莫过于梁启超的议论。他在《新史学》中，指出了传统史学的问题主要表现在四个方面。一是知有朝廷不知有国家，二是知有个人而不知有群体，三是知有陈迹而不知有今务，四是知有事实而不知有理想。由此四弊，又生二病，一是能铺叙而不能别裁，二是能因袭而不能创作。这种史书对于读者来说，除了难于阅读和难以别择之外，更重要的是读者自读，书自是书，引不起什么感触。梁启超的这些意见，确乎切中传统史学的弊害，并且，这些问题也十分典型地体现在《二十四

---

[1] 《中国古代史籍校读法》第二二二—二二三页，上海古籍出版社一九八〇年新一版。

史》中。

由于时代和作者眼界的局限，《二十四史》都是以帝王为中心。本纪是正史的纲领，在各史中毫无例外地编排在开篇，并为所有的二十四部史书所具备，这一部分专门用以记述帝王。皇后或者入传，或者为纪，表中往往有宗室世系表、诸王表、公主表、后妃表，传中也多有后妃、外戚和公主的列传，并都占有很大的篇幅。由于《二十四史》以如此多的篇幅记述帝王及其家族，所以有人干脆过激地把它说成是帝王的家谱。品评人物，更是以帝王的利益为从违，凡是效忠于一家一姓的，就被视为忠臣义士，背此而附彼者，就被斥为叛逆之臣。至于农民起义，则被说成是流寇妖贼。甚至《二十四史》的写作，也主要是为了帝王，是供他们借鉴或资治的。因此，《二十四史》与其他类型的史书相比，虽说内容相对丰富一些，但以现在的要求和标准，这种一切以帝王为中心的记述，自然与我们今天所要求的历史相去不可以道里计。

正史由于它特殊的意义和深广的影响，因而它的写作往往是处于官府严密的监控之下。唐以前各史，虽多是私人著述，但最高统治者已亲自过问，如班固写《汉书》、魏收修《魏书》，都是事先得到过皇帝的同意。唐以后官修正史，都有皇帝派人监修，书成后，也要首先进呈给皇帝。在这种形势下，

四、《二十四史》的意义与价值

有的为了避免灾祸，有的则是为了取悦当权者，往往隐恶扬善，或者偏袒得势的一方，致使很多记载失实。如南北朝诸史在两朝更替的问题上，元修《宋史》在处理宋元关系问题上，清修《明史》在对待南明的问题上，都存在着很多很深的忌讳。有的不着一字，故意隐没历史的真相；有的闪烁其词，使史事晦涩难明；还有的则颠倒是非，伪造历史，以此来迎合当权者的需要。由于这一切，《二十四史》又多有不忠实历史真相的记载。

至于那套落后的历史观，更给《二十四史》蒙上了一层厚重的精神尘埃。正史的作者们，大都以天道循环和五德始终来解释朝代的更迭，相信天命的力量，并大量记载所谓的"祥瑞"和"妖孽"，这在《天文志》、《五行志》和《符瑞志》中表现得尤其典型。为表彰封建的伦理道德，很多正史都专门设有所谓的烈女、死节、忠义、孝友等传，为封建道德的殉道者树碑立传，以鼓吹忠孝节义那一套。对农民起义，大多数的作者也都不遗余力地丑化贬低，恶意诋毁，这种偏见显然要影响史料的选择和组织，我们只有用历史唯物主义的观点，拂去这层尘埃，才能看清历史的真实。

五、《二十四史》的版本

在我国发明雕刻木版印刷书籍的方法之前，只有传抄之"本"，而没有镂刻之"版"。作为最原始印刷术的石经，刻的是儒家经典，而与其他书籍无缘，正史也不例外。唐代我国虽已发明了雕版印刷术，但只是用来雕印佛像、佛经，间刻字书及医、卜、相书，流传未广。五代时，已正式刻印经传，至于历代正史，则要到宋代才陆续付刊。

宋太宗淳化五年（公元九九四年），命杜镐、舒雅、吴淑、潘慎修、朱昂校《史记》，命阮思道、尹少连、赵况、赵安仁、孙何校两《汉书》，校毕之后，由裴愈送到杭州镂版，这便是正史的最早刊刻。随后，真宗咸平三年（公元一〇〇〇年），又校勘《三国志》和《晋书》，《唐书》因准备重修，所以只校未刻。仁宗天圣二年（公元一〇二四年），校勘《南史》、《北史》和《隋书》，仁宗嘉祐五年（公元一〇六〇年），

五、《二十四史》的版本

将已校好的《唐书》付印。嘉祐六年，又诏令曾巩、刘恕、王安国等人，校理《宋书》、《南齐书》、《梁书》、《陈书》、《魏书》、《周书》和《北齐书》七史。曾巩等人考虑到秘阁藏本多有缺漏，不足以据以是正，建议诏令全国的藏书之家，将异本献上。由于多了这道访求异本的工序，以至于"久之始集"，直到徽宗政和时，才全部校理完毕，并颁之学官。宋人所说的十七史至此大体校刻完备。北宋校刻正史都是当时最高统治者诏令臣工们做的，后世称为监本或官本。从此以后，就正史的汇刻而言，主要有以下几种。

宋绍兴本眉山《七史》

靖康之变，中原沦陷，金人俘徽宗、钦宗和宋室、后妃等数千人，以及教坊乐工、技艺工匠，携仪仗礼器、珍宝玩物、皇家藏书、天下府州地图等北去。东京城中公私积蓄为之一空，北宋曾巩等人所校刻的南北朝史也都亡佚。绍兴十四年（公元一一四四年），井宪孟做了四川的地方属官，他向各州学官发出公文,征求北宋所颁发的诸史之本。当时四川五十多州，没有受战乱的破坏，所以北宋所刻诸史大都存在，但也有残缺不全的。通过收集补缀，发现少《魏书》的十多卷，只好用别书补全，最后在眉山刊行。这次所刻，包括《宋书》、《南

177

齐书》、《梁书》、《陈书》、《魏书》、《北齐书》和《周书》七部史书,所以称为"眉山七史"。

"眉山七史"是据北宋嘉祐至政和年间的校刻本重刊的。其书每半页九行,每行十八字,版高七寸七分,宽六寸一分,黑口,双边,首行小字在上,大题在下,次行题撰者姓名。它的特点是字体比较大,所以后来的藏书家称之为宋蜀大字本。元明以后,由于版已损坏,因而递有修补,印出的字迹比较模糊,这些递修本也因此被称为"九行邋遢本"。"眉山七史"本现在仍然存在,不过多有残缺。过去商务印书馆辑印百衲本《二十四史》,其中宋、南齐、梁、陈、魏、北齐、周史,都是采用的此本。至于《宋书》、《梁书》、《北齐书》和《周书》的缺卷,则是用元明递修本配补的。

元九路儒学合刻本《十七史》

元代设有兴文署,专门负责雕印书籍。兴文署开始隶属于秘书监,后来并入了翰林院。所以元代的官刻,当首推兴文署,但未见兴文署刊刻正史。在这之外,元代各州县都有学田,学田的收入称为学租,学租除供师生生活日用外,剩下的就用来刻书。如果工程量太大,就集合多个州县一同进行。其中最为著名的工程,是元成宗大德时,建康道九路儒学合

五、《二十四史》的版本

刻的《十七史》。

元大德时期,建康道肃政廉访使顺从太平路学官的请求,分行全道九路儒学,合刻《十七史》。其中太平路在大德九年(公元一三〇五年)率先刊出《汉书》,以供其他各路所取法。根据前人的藏书记或现存版本,可知《后汉书》为宁国路儒学所刻,《隋书》为瑞州路儒学所刻,《新唐书》为集庆路儒学所刻,《三国志》为池州路儒学所刻,《北史》为信州路儒学所刻。其他各史,或由于今无传本,或由于未注明刊刻地,如《南史》、《五代史》,所以不知为何路所刊。元刻《十七史》,分属各路,各路更进而分属书院、县学。如信州路刊的《北史》版心就有信州儒学、玉山县学、永丰儒学、弋阳县学、贵溪县学、象山书院、稼轩书院、蓝山书院、道一书院等字样。饶州路刊本《隋书》,版心也有路学、尧学、浮学、番泮、乐平、锦江等字样。元刻诸史,由于有各书院的山长主持,通儒参与校订,勤于校雠,不惜工本,所以颇为精善。加上宋版书传世不多,元刻诸史便更加珍贵。百衲本《二十四史》中的《隋书》、《南史》和《北史》,就是用的元大德九路儒学的刊本。

明南、北监本《二十一史》

宋代已有《十七史》，明代加上《宋史》、《辽史》、《金史》和《元史》，遂为《二十一史》。明代校刻正史，以南京国子监校刻的最为精善。

明世宗嘉靖七年（公元一五二八年），南京国子监祭酒张邦奇、司业江汝璧等人，请求校刻正史。原打算派人到民间购求古本，但后因"恐滋烦扰"，世宗便令就国子监中所藏《十七史》的旧版，考对校补。其中《宋书》、《南齐书》、《梁书》、《陈书》、《魏书》、《北齐书》和《周书》七史，都用"眉山七史"版，其他十史，则是元各路儒学刻版。至于新加入的四部史书，《宋史》是广东布政司的刻版（当时可能误认为是初刊祖本），《金史》、《辽史》没有现存的刻版，是据购求的善本翻刻的，《元史》则是洪武时的第一刻版。嘉靖十一年（公元一五三二年），全部《二十一史》刻印告竣。这时，张邦奇和江汝璧已升迁去任，由祭酒林文俊、司业张星继续成进呈。

明南京国子监所印的《二十一史》，原版有宋朝所刻，也有元朝所刻，还有明朝新刻的，所以被称为"三朝本"。这套书版在明代印行了很多次，原版也修刻再三，其中以万历、天启和崇祯间几次修补的变动最大，有些原版所存无几，有

五、《二十四史》的版本

些则干脆是重刻的。这套书版从南宋初始刻,后又多有新增,并叠经修补,传了约七百年。清初尚存在江宁藩库,顺治康熙时也有过修补,直到嘉庆时在一场火灾中被烧毁。由于这套书版传得太久,十分古老,又不断有修补,印刷质量不怎么好,所以又有"邋遢本"或"大花脸本"之称。

北京国子监雕刻《二十一史》,开始于万历二十四年(公元一五九六年),经过十一年的工作,到万历三十四年(公元一六〇六年)完成。负责全部刻印工作的是祭酒吴士元和司业黄锦,具体负校定之责的,则有方从哲、黄汝良、李胜芳、杨庆秋、萧云举等十多人。北监本是根据南监本翻刻的,由于是全部重新雕刻,所以将版式行款整齐一律,并改正了一些错讹之字。但是校勘不精,讹舛很多。最糟糕的还在于校者的荒陋无知,不守阙如之戒,妄加篡改,以至缘疑而致误,剜肉而成疮。只有敖文祯和萧云举负责校订的《三国志》,颇为精善,被丁丙、莫友芝等人认为胜过南监本。

明汲古阁本《十七史》

汲古阁是明末常熟毛晋的藏书阁名。毛晋字子晋,号潜在,他的藏书多达八万四千余册,并多宋元刻本。毛晋好钞录罕见秘籍,缮写精良,后人称为"毛钞"。此外,他还是我国历代私家刻书最多的人。在明万历到清初的四十多年内，他召雇有校书先生、写样专家、刻书工人等一套人马专门从事刻书。刻了十万多块书版，几百种书籍，其中以《十三经》、《十七史》、《宋元人诗文集》、《津逮秘书》、《六十种曲》最为著名。汲古阁所刻的书，校勘精善，印刷优良，版心下方都印有汲古阁或绿君亭的标记。为了印刷之需，毛晋专门从江西订造了价格低廉的纸张，厚的称毛边纸，薄的称毛太纸。由于多据善本，书价又便宜，所以行销很广。

汲古阁刻印《十七史》，于崇祯十四年（公元一六四一年）开雕，直到清顺治十三年（公元一六五六年）才完成，前后历时十七年。在明末，只印了一二单部，后来因逢战乱，已雕刻好的书版没有来得及印行。毛晋把它分贮在"沏滨崖畔节庵草舍中，水火虫鼠，十伤二三"，等战乱平定后，这才收其放失，补其遗亡，印行于世。

在明南北监印行《二十一史》之后，毛晋仍然只刻印《十七史》，排除了宋、辽、金、元四史。其中《史记集解》后附有《史记索隐》三十卷，《五代史》后附有《五代史补》和《五代史阙文》两种。汲古阁本《十七史》虽多据宋元旧版，但校对草率，错误很多。王鸣盛的《十七史商榷》就是根据此本改讹补脱，去衍正疑，并举其中典制事迹，诠解蒙滞，审覆踏驳的。后来嘉庆间书业堂和扫叶山房以及同治光绪年间辑刊正史，都是根据汲古阁本翻刻的。

清武英殿本《二十四史》

武英殿是清代专事修书和刻书的地方。康熙时代，武英殿的刻书能力尚小，所以先在扬州、苏州一代刻版，然后运归武英殿。雍正、乾隆时，才真正在武英殿刻印书籍。与历代国子监所做的一样，清武英殿最初校刻的是《十三经》。乾隆四年（公元一七三九年），武英殿刊毕《十三经注疏》后，乾隆皇帝考虑到正史是诸经的辅翼，"既刻全经，必罗诸史"，再者明监本《二十一史》也日渐残缺，所以下令臣工校雠刊行，以广流布。并依诸经之例，将辨别伪异、是正讹舛的考证附在卷末。经过七年的努力，二十一部正史先后刊成。《明史》则已在乾隆四年先期刊出。另外，乾隆时君臣上下，都以为新旧《唐书》"互有短长，不容偏废"，因而在乾隆四年把《旧唐书》列为正史。乾隆四十年（公元一七七五年），四库馆臣从《永乐大典》中辑出了《旧五代史》，乾隆皇帝也把它列入正史，并在乾隆四十九年（公元一七八四年）刊行，至此，《二十四史》终于齐备。

武英殿本《二十四史》，中缝鱼尾上右方，都有"乾隆四年校刊"的字校,每卷附有考证。只有《明史》雕成在先,所以中缝没有刊刻年代,也无考证。殿本校雠精审,又附有考证,最为人们所称赏,也最为风行。后人刊印《二十四史》,如同治时期新会陈氏的重刻本、光绪时同文书局、竹简斋、五洲同文书局各自的影印本,图书集成局的活字本,都是依据殿本。

但是殿本《二十四史》也存在着不少问题,张元济在《影印百衲本二十四史序》中,就指出了它五个方面的毛病。首先是检稽之略:殿本《二十四史》,只有《汉书》、《后汉书》、《三国志》、《晋书》和《隋书》五部史书依据宋元旧刻,其他各史则依据明南北监本,因而多有脱漏。其次是修订之歧:主要表现为不辨《后汉书》志的作者,并厕列八志于纪传之间,《三国志》既合为六十五卷,而三志的卷数又各为起讫,其他大题小题也都改变了旧式。再次是纂辑之疏:《旧五代史》原稿每条材料的出处,一一注明,但殿本悉予删落,并且《明史》独无考证。复次是删窜之误:如强代秉笔,追谥关羽为忠义,将薛史中指斥契丹的"戎王"、"戎首"、"狝狁"、"贼寇"、"伪命"、"犯阙"、"编发"、"犬羊"等字,一概加以改避。最后是粗忽:没有用力访求,于原版阙文,有些仍空留素纸,以至脱简遗文,指不胜屈;此外,复页、

五、《二十四史》的版本

错简的情况也很多。但总的说来,武英殿本《二十四史》不愧为明清两代最精审完善的版本。

百衲本《二十四史》

涵芬楼是商务印书馆专贮珍贵图书的藏书楼名。民国时期,张元济就涵芬楼和其他藏书家的藏书中,选择宋元旧刻、明清精刻、精钞、校本和手稿本辑成了《四部丛刊》三编。而《二十四史》却没有善本,满足不了读者的愿望,加上当时通行的殿本《二十四史》,每多检稽之略、修订之歧、纂辑之疏、删窜之误以及校刻之粗,主持人张元济便"慨然有辑印旧本正史之意",并为此"求之坊肆,丐之藏家,近走两京,远驰域外,每有所觏,则影存之。后有善者,前即舍去,积年累月,均得有较胜之本"[1]。最后所得有宋版十五种,元版六种,明版一种,清殿本一种,原辑《永乐大典》本一种,在民国十九至二十六年(一九三〇年——一九三七年),影印行世。全书取僧衣破敝补缀之称,定名为百衲本。各史的版本如下:

史记　　宋庆元黄善夫刊本

---

[1] 《涉园序跋集录·影印百衲本二十四史序》。

汉书　　　宋景祐刊本

后汉书——宋绍兴刊本（原缺以元覆宋本配补）

三国志——宋绍熙刊本（原缺以宋绍兴刊本配补）

晋书　　　宋刊小字本（载记用宋绍兴重刊北宋本）

宋书　　　宋蜀大字本（缺卷以元明递修本配补）

南齐书——宋蜀大字本

梁书　　　宋蜀大字本（缺卷以元明递修本配补）

陈书　　　宋蜀大字本

魏书　　　宋蜀大字本

北齐书——宋蜀大字本（缺卷以元明递修本配补）

周书　　　宋蜀大字本（缺卷以元明递修本配补）

隋书　　　元大德刊本

南史　　　元大德刊本

北史　　　元大德刊本

旧唐书——宋绍兴刊本（缺卷以闻人铨覆宋本配补）

新唐书——宋嘉祐刊本（缺卷以他宋本配补）

旧五代史——吴兴刘氏刊原辑《永乐大典》本

五代史记——宋庆元刊本

宋史　　　元至正刊本（缺卷以明成化刊本配补）

辽史　　　元至正刊本

五、《二十四史》的版本

  金史   元至正刊本（缺卷以元覆本配补）

  元史   明洪武刊本

  明史   清乾隆武英殿原刊本（附《明史考证捃逸》）

  这些都是当时所能见到的最古最精善的版本，百衲本兼综诸本之善，而成一家之书，对学术界的贡献极大。当时就有人称之为："汲古不足以比其精，明监不足以喻其远，建安黄氏不足以拟其大。考校之审慎，网罗之浩博，又非武英殿校刻诸臣，所能望其项背。"[①] 其中经营筹划，始终不懈，又以张元济之力为最多。他一人独任校勘，每一史印成，都作成一篇跋文，后来又录出今本与旧椠的显著异同一百六十四则，写成了《校史随笔》一书，对了解《二十四史》的版本情况，多有助益。

中华书局点校本《二十四史》

  中华人民共和国成立之后，毛泽东主席曾指示要将前四史点校出版，以便阅读。一九五八年古籍整理出版规划小组成立后，经吴晗与规划小组组长齐燕铭、中华书局总编辑金灿然共同商量，决定扩大为点校全部《二十四史》，并作为

[①] 王绍曾《二十四史版本沿革考》，见《国专月刊》一九三五年第一卷第四期。

古籍整理出版规划小组的一个项目。

《二十四史》的点校与出版,从一九五九年九月《史记》作为国庆十周年的献礼书率先面世,到一九七七年十一月《宋史》最后出版,历时近二十年。《二十四史》的点校,也走过了一段艰难的历程。在一九五八年至一九六二年的摸索阶段,通过总结已出版的《史记》、《汉书》和《三国志》的点校经验,提出了要利用多种校勘方法和广泛吸取前人研究成果的要求,并对《晋书》以下二十史的标点和分段做了统一的规定。在一九六三年至一九六六年工作全面展开的时期,各史的点校人员均已妥为落实,并集中到北京工作。其中《晋书》、《周书》、《南齐书》、《陈书》、《北齐书》和《梁书》都已点校完毕。一九六七年由于戚本禹的干预,要求每一个标点都体现"无产阶级的感情",这种在"标点"上体现"感情"的要求,十分荒唐,当然无法做到,但以"阶级的观点"为各史写一篇批判性的出版说明,却深重地留下了那个特定时代的印记。一九七一年五月点校工作全面恢复后,又有了一些新的变化。首先是将两《唐书》、两《五代史》和《宋史》划归上海,由上海人民出版社组织工作,北京则增加了《清史稿》的点校。其次,对校勘方法和校勘记的写作提出了要求,另外各史的点校人员也有较大的变化。

五、《二十四史》的版本

《二十四史》的点校,名义上由顾颉刚总其成,实际上是由中华书局组织的。其中《史记》由顾颉刚负责点校,此书原来是古籍出版社的约稿,包括校证,后纳入《二十四史》整理系统,只做点校。由于最先点校完毕,因而没有校勘记,只是在全书后附有一篇《史记点校后记》。《汉书》的点校,由西北大学历史系承担。《后汉书》由宋云彬点校,在前四史中最晚着手,直到一九六五年才印出。《三国志》由陈乃乾点校。《晋书》由吴则虞点校,唐长孺和杨伯峻做过复阅和修改。南朝四史和《南史》的点校,由山东大学历史系的王仲荦、卢振华、张维华承担。北朝三史和《北史》的点校则由唐长孺、陈仲安、王永兴共同完成。《隋书》先由汪绍楹点校,后由阴法鲁续完。两《唐书》先由中山大学历史系的刘节和董家遵分别承担,两《五代史》则在陈垣的指导下,由刘乃和、柴德赓分别点校,《宋史》原由聂崇岐点校,刚完成初点即去世,改由罗继祖继续点校,其中十一种志由邓广铭承担。后来,这五部史书连同已有的点校成果划归上海,由上海人民出版社组织复旦大学、华东师大等单位的专家学者最后完成。辽、金二史先由冯家升、傅乐焕点校,二人去世后,由陈述和张政烺分别完成。《元史》的点校由翁独健负责,邵循正和内蒙古大学蒙古史研究室的林沉、周清澍等

189

人也参加了工作。《明史》先由郑天挺负责，南开大学明清史研究室完成点校初稿，后由白寿彝、王毓铨、周振甫复阅定稿。至于《二十四史》之外的《清史稿》，则是由罗尔纲、启功、王锺翰和孙毓棠四人完成的。

　　《二十四史》的点校出版，是建国以来我国古籍整理工作最重大的成果。由于那个特定时代的影响，虽然点校本还存在着不少问题，如一九七一年后点校的各史，有些校勘成果没有写进校勘记，异文的处理因而脉络不清；一些没利用本校和他校，解决更多的问题；一些史书点校的质量也不平衡。但《二十四史》的点校，集中了当时我国最优秀的历史学者，这就从根本上保证了点校的质量。工作伊始，古籍整理出版规划小组就提出要使点校本超过以往的各种版本，经过重版时的陆续修订，使之成为定本的要求，从现在的情势看，这一要求是做到了的。相对于以往的各种版本而言，点校本至少有以下几方面的优势：首先是有标点、有分段，一律铅字排印，便于阅读。其次是广泛吸收了前人的研究成果，并写有较为详细的校勘记（只《史记》例外），堪称集大成之本。最后是利用多种校勘方法，丰富了校勘成果，提高了点校质量。因而可以说，点校本《二十四史》是迄今为止最为完善的版本，并且在今后很长一个时期，也很难有新的版本能代替它。

出版后记

中华文明源远流长。在漫长的历史岁月中，我们中华民族创造了辉煌灿烂的文化成就，践行着自己朴素而真诚的人生和社会理想，追寻着具有鲜明特色的伦理价值和审美境界，展示出丰富、生动、深邃的思想智慧。在很长一段时间内，中国文化在世界文明体系中居于领先地位，其影响力和感染力无比强大，从而在铸就中华民族独特灵魂的同时，也为人类文明的发展和进步作出了重要的贡献。

明清之际，由于复杂的原因，中国社会没有能够有效地完成转型，逐步走向封闭和衰落。鸦片战争的失败，更使中国面临数千年未有之变局，使中华民族沦入生死存亡的艰难境地。为了救国于危难，当时的仁人志士自觉不自觉地把目光投向西方，投向西学，并由此对中国传统文化进行了激烈的批判。从洋务运动、戊戌变法，一直到五四新文化运动，在近代中国救亡图存的历史语境中，传统文化的观念和形态，常常被贴上落后、愚昧的标签，乃至被指斥为近代中国衰落和灾难的祸根，就连汉字和中医这样与国人生命息息相关的文化形态，也受到牵连和敌视，被列入需要废除的清单。对本民族文化的这种决绝态度，在世界各民族的历史上都是罕见的，它既反映了我们中华民族创新发展的非凡勇气，也从一个重要侧面，印证了中华传统文化的顽强和深厚。

今天，历史已经走进21世纪，我们中华民族经过不懈的努力和奋斗，迎来了快速发展的良好机遇，国家强盛、民族复兴的曙光就在前方。在这样的时候，在这样的历史背景下，重温我们民族的辉煌、艰难历史，重新认知我们民族的优秀文化和高贵传统，不仅是一种自然的趋势，也是一项庄严的历史使命。理由很简单，我们中华民族要在全球化的背景下真正实现伟大复兴，必须具有足够的凝聚力和创造力，必须具有强烈的自尊心和自信心，而这一切，离不开对本民族优秀文化基因的认同和感念，离不开对优秀传统的继承和弘扬。从这个意义上说，中国传统文化是不绝的源泉，是清新而流动的活水。我们组织出版《中国文化经纬》系列丛书，正是为了汲取丰富的精神滋养，激发我们前行的力量。

本书系计划出版100卷，由著名的中国文化书院组织编

出版后记

写,内容涵盖中国传统文化的各个方面和层级,涉及文学、历史、艺术、科学、民俗等多个领域,力求用通俗易懂的语言,用较少的篇幅,使广大读者对中国历史文化有较为全面的认识,对中国精神和中国风格有较为深切的感受。丛书的作者均为国内知名专家,有的是学界泰斗,在国内外享有盛誉,他们的思想视野、学术底蕴和大家手笔,保证了丛书的学术品质和精神品格。

这是一套规模宏大、富有特色的中国传统文化读本,这是专家为同胞讲述的本民族的系列文明故事,我们期待您的关注和阅读,也等待您的支持和批评。

中国书籍出版社

2015 年 9 月

中国文化经纬·第一辑

从黄帝到崇祯：二十四史 / 徐梓 著
华夏文明的起源 / 田昌五 著
孔子和他的弟子们 / 高专诚 著
老子与道家 / 许抗生 著
墨子与墨学 / 孙中原 著
四书五经 / 张积 著
宋明理学 / 尹协理 著
唐风宋韵：中国古代诗歌 / 李庆 武蓉 著
易学今昔 / 余敦康 著
中国神话传说 / 叶名 著

中国文化经纬·第二辑

敦煌的历史与文化 / 宁可 郝春文 著
伏尔泰与孔子 / 孟华 著
利玛窦与徐光启 / 孙尚扬 著
神秘文化的启示：纬书与汉代文化 / 李中华 著
中国古代婚俗文化 / 向仍旦 著
中国书法艺术 / 陈玉龙 著
中国四大古典悲剧 / 周先慎 著
中国图书 / 肖东发 著
中国文房四宝 / 孙敦秀 著
中印文化交流史 / 季羡林 著